国家出版基金项目
NATIONAL PUBLICATION FOUNDATION

"十三五"国家重点出版物出版规划项目

汉语韵律语法丛书

冯胜利 端木三 王洪君 主编

上古汉语疑问句韵律句法研究

李果 著

北京语言大学出版社
BEIJING LANGUAGE AND CULTURE UNIVERSITY PRESS

图书在版编目（CIP）数据

上古汉语疑问句韵律句法研究 / 李果著 .-- 北京：北京语言大学出版社，2018.12

(汉语韵律语法丛书 / 冯胜利，端木三，王洪君主编)

ISBN 978-7-5619-5386-0

Ⅰ.①上… Ⅱ.①李… Ⅲ.①古汉语－韵律（语言）－研究 Ⅳ.① H111

中国版本图书馆 CIP 数据核字（2018）第 273798 号

上古汉语疑问句韵律句法研究

SHANGGU HANYU YIWENJU YUNLÜ JUFA YANJIU

排版制作：北京创艺涵文化发展有限公司
责任印制：周 燚

出版发行：北京语言大学出版社
社　　址：北京市海淀区学院路 15 号，100083
网　　址：www.blcup.com
电子信箱：service@blcup.com
电　　话：编 辑 部　8610-82303647/3592/3395
国内发行　8610-82303650/3591/3648
海外发行　8610-82303365/3080/3668
北语书店　8610-82303653
网购咨询　8610-82303908
印　　刷：北京建宏印刷有限公司

版　　次：2018 年 12 月第 1 版
印　　次：2018 年 12 月第 1 次印刷
开　　本：880 毫米 ×1230 毫米 1/32　　印　　张：7.625
字　　数：169 千字
定　　价：59.00 元

PRINTED IN CHINA

总 序

我国学者对韵律的关注有着悠长的历史。《毛诗序》说："情发于声，声成文谓之音。"这是古人区分随意的"声"与有序的"音"的最早论述。《荀子·乐论》云："（先王）故制《雅》《颂》之声以道之，使其声足以乐而不流，使其文足以辨而不諰，使其曲直、繁省、廉肉、节奏，足以感动人之善心……"这是古人用声律来区分雅俗、节奏的千年古训。

在中国古代的节律研究史上，对韵律规则关注最细密、阐述最清楚的莫过于南朝的沈约[①]。他说："欲使宫羽相变，低昂舛节，若前有浮声，则后须切响，一简之内，音韵尽殊，两句之中，轻重悉异。"（《宋书·谢灵运传论》）这里的基本精神与当代韵律学创始人 Liberman 的"相对轻重论"[②]是一致的。当然，沈约也自知局限："韵与不韵，复有精粗，轮扁不能言，老夫亦不尽辨此。"（《答陆厥书》）稽古鉴今，从 Liberman"相对轻重论"发展出来的当代节律学（metrical phonology）给了我们辨识"韵之精粗"

---

① 沈约（441—513），字休文，吴兴武康（今浙江德清）人，南朝史学家、文学家。他在给陆厥的信中说："（古人）虽知五音之异，而其中参差变动，所昧实多，故鄙意所谓'此秘未睹'者也。以此而推，则知前世文士，便未悟此处。"

② M. Liberman. *The Intonation System of English*. PhD dissertation, MIT, 1975.

的现代工具。[①]

古代的韵律不仅涉及发音，还事关语法。最早触及这个题目的当属唐代的孔颖达。他在《毛诗正义》里疏解"视民如禽兽"时说："《经》言'虎''兕'及'狐'，止有兽耳，言'禽'以足句。"他在疏解《召南》"羔羊之皮"的时候说："兼言羊者，以羔亦是羊，故连言以协句。"其中的"足句""协句"（其他尚有"圆文"等韵律分析）都为今天韵律语法的建立，提供了古代的语料和证据。

在汉语语言学史上，最早发现韵律制约句法现象的当首推马建忠。[②]他在研究"易之以羊"和"以羊易之"两种句型时精辟地指出："转词介以'以'字置于止词之后者，盖止词概为代字，而转词又皆长于止词。"（《马氏文通》）就是说，如果动词的宾语是代词，而介词的宾语又较长的话，那么就要采用[[V+ 代][以 +NP]] 的格式。以成分的长短定词序，正是从韵律控制句法的角度看问题。然而，值得回味的是，马氏虽然惊

① 注意：在 Liberman 之前，Chomsky、Halle 和 Lukoff（1956）早已奠定"循环重音指派"（cyclic stress assignment）的操作体系〔也即韵律跟语法的直接相关性。参 On accent and juncture in English. In: Morris Halle, Horace Lunt, Hugh MacLean, and Cornelis van Schooneveld (eds.), *For Roman Jakobson*. The Hague: Mouton, 1956. 65-80.〕。而 Halle 和 Keyser（1966、1971）的文章更可看作生成节律学（generative metrics）的创始之作〔其中的重音分布规律，采用了 Chomsky、Halle 和 Lukoff（1956）的理论，认为重音跟句法直接相关。参 Morris Halle and Samuel Jay Keyser. Chaucer and the study of prosody. *College English* 28.3 (1966): 187-219. 及 Morris Halle and Samuel Jay Keyser. *English Stress: Its Form, Its Growth, and Its Role in Verse*. New York: Harper and Row, 1971.〕。

② 事实上，乾嘉学者如王念孙等均有很好的发明，但当时"韵律训诂"方面的研究才刚刚开始。

人地发现了韵律的作用，但却说“惟排偶声律者，等之‘自郐以下’耳”—— 将韵律的因素排斥在句法之外。他一方面卓有发明，另一方面又自毁长城，为什么呢？究其根本，是没有理论的缘故。[①] 于是杨树达批评他说：“但据类例之多少为言，绝无何等理论为根据也。”（《马氏文通刊误》）我们吃没有理论的亏，太多了！殊不知，我们吃不能（不善？不屑？）创造理论的亏，更大、更多！没有理论，很难准确地把握现象，到手的东西也终将复失，更不消说本质与规律。马氏韵律语法的失败在没有创立理论。事实上，马氏不仅没有韵律理论，他的句法理论也不独立（《马氏文通》大抵以拉丁语法为底本）。当然，我们在看到理论之必要（necessary condition）的同时，也不能忘记它并非充分条件（sufficient condition）。原因很简单，即使有了理论也不能保证对现象的揭示准确无误。乔姆斯基的管约句法论（government-binding theory）可谓理论，但根据这个体系，Zwicky 和 Pullum（1986）得出的却是一个错误的结论：句法无语音原则（Principle of Phonology-Free Syntax）[②]。他们说：“句法无语音原则是为跨语言而设定的语法，该语法禁止句法规则或句法限定参考音系的信息。”（The Principle of Phonology-Free Syntax (PPFS) is a proposed universal principle of grammar that

---

① 什么是理论？我们认为，其本质属性主要有两点：一是要把假设和规则说明确（explicit），一是要有可验证的预测（make verifiable predictions）。参 Karl R. Popper. *The Logic of Scientific Discovery*. New York: Basic Books, 1959.

② Arnold M. Zwicky and Geoffrey K. Pullum. The principle of phonology-free syntax: introductory remarks. *Working Papers in Linguistics* 32. Columbus, OH: The Ohio State University, 1986. 63-91.

prohibits reference to phonological information in syntactic rules or constraints.)①

在形式句法理论界，这一“句法无语音”的错误信念直到最简方案出来后才逐渐改变。2008 年 11 月 7 ～ 9 日在康奈尔大学召开的第 39 届 NELS 会议的广告上，我们第一次听到这样的声音：

“The design of the grammar is standardly assumed to be complex, involving components such as phonetics, phonology, syntax and semantics. The initial view that components of the grammar are autonomous has proven to be overly strong, and more and more cases of interfaces among components have been documented. This in turn opens questions about the extent and nature of such interfaces: is there a line between interacting components and components without borders?”

基于这种新的认识，会议邀请学者投交有关“explore empirical as well as theoretical aspects of the interfaces among two or more components of the grammar, and formal tools that capture such interfaces”的论文。时隔不久，Richards 在 *Uttering Trees*（2010）一书中便提出“疑问词移位”（*wh*-movement）是由韵律导致的看法：疑问词移位的句法运作发生在韵律刚好需要的情况下（The syntactic operation of *wh*-movement takes place just in case the prosody requires it.）。在 20 世纪 70 ～ 80 年代的形式句法里，这

① 引自 Philip H. Miller, Geoffrey K. Pullum, and Arnold M. Zwicky. The principle of phonology-free syntax: four apparent counterexamples in French. *Journal of Linguistics* 33 (1997): 67-90.

是不可想象的。

国际韵律语法研究风起云涌，我国韵律语法研究的情况则很不同。我们一向没有宏大系统的语言学理论，自然也没有 Zwicky 那样极端、绝对的理论错误。从上面看到，韵律对语法的作用我国古代先贤早有揭晓，进入当代，相关研究层出不穷。最明显、最有影响的是郭绍虞的“弹性词说”（1938）[①]和吕叔湘的2+1、1+2的“趋势说”（1963）[②]。当然，赵元任的“电离化（ionization）/离合词”理论，更堪称早期韵律语法最精辟的分析：

> 可是既然咱们可以说“上了一堂课”，何以不能说“体了一堂操”？要是照字面意义来说，“操了一堂体”应该更合逻辑，可是却没人这么说。这又是语音的因素比逻辑的因素更重要的关系。但是动—宾式结构的抑扬型韵律就足以强迫“体”作动词，“操”作宾语，不管逻辑不逻辑。因此“体了一堂操”就成了学生的经常用语了。
>
> ——《中国话的文法》[③]

这里“抑扬型韵律就足以强迫‘体’作动词，‘操’作宾语，不管逻辑不逻辑”一语，为我们开辟了一个新的研究领域。顺此而推，汉语韵律的另一重要属性就是近年来发现的“韵律的形态功能”（参本系列丛书中王丽娟《汉语的韵律形态》）。这方面的研究，我们甚至可以溯源到陆宗达、俞敏（1954）对“开开儿”（动词，重音在第一个“开”上，如：这水得开开儿再喝）和“开开儿”（形容词，重音在“开儿”上，如：这水开开儿的，正好沏茶

---

① 《中国语词之弹性作用》，载于《燕京学报》1938 年第 24 期。

② 《现代汉语单双音节问题初探》，载于《中国语文》1963 年第 1 期。

③ 刘梦溪主编《中国现代学术经典》“赵元任卷”中的《中国话的文法》，河北教育出版社，1996 年。

啊）等北京话词语的重音分析。[1]

汉语韵律语法研究的另一大宗是它在文学上的作用。我国（和邻邦）的学者在这方面的研究有着长久的历史和丰富的学说。南朝沈约的"浮声、切响"(《宋书·谢灵运传论》)、刘勰的"往蹇来连"(《文心雕龙·声律》)，唐代日本和尚遍照金刚的"诗行两半（半逗律）"(《文镜秘府论》)，清代桐城派学者刘大櫆的"音节神气"(《论文偶记》)，以至于当代启功先生的"诗节韵律"(《诗文声律论稿》)，等等，都是我国古今节律学研究的宝贵财富，亟待总结和开发。

如果说郭绍虞的"弹性"、吕叔湘的"趋势"和赵元任的"电离化"均是以20世纪70年代以前的传统韵律理论为基础进行研究的话，那么我国当代韵律语法的研究则是以Chomsky、Halle、Keyser以及Liberman等当代学者70年代前后提出的"相对轻重说（relative prominence）"[2]为基础，伴随80年代改革开放带来的西方当代语言学理论的引入而开始的。我们知道：汉语韵律语法的研究以"句法影响/制约韵律"为起点。譬如C. C. Cheng（1973）[3]提出的以句法分枝为上声变调域的观点，Chilin Shih（1986）[4]和Matthew Chen（2000）[5]进行的以句法为基础的音

① 陆宗达、俞敏，《现代汉语语法》(上册)，群众书店，1954年。

② M. Liberman and A. Prince. On stress and linguistic rhythm. *Linguistic Inquiry* 8 (1977): 249-336.

③ C. C. Cheng. *A Synchronic Phonology of Mandarin Chinese* (*Monographs on Linguistic Analysis*, No. 4). The Hague: Mouton, 1973.

④ Chilin Shih. *The Prosodic Domain of Tone Sandhi in Chinese*. PhD dissertation, University of California at San Diego, 1986.

⑤ Matthew Chen. *Tone Sandhi: Patterns across Chinese Dialects* (*Cambridge Studies in Linguistics*, No. 92). Cambridge, UK: Cambridge University Press, 2000.

步研究（foot formation based on syntax），Matthew Chen 和他的学生提出的以句法 XP 为界确定的连音变调域（如 Chen，1987）①，Selkirk（1986）② 受到 Matthew Chen 影响后提出的“界定参数”（edge-setting parameters）和“韵律范畴域”（domains of prosodic categories），Selkirk 和 Shen（1990）③ 观察到的上海方言里“句法—韵律错配现象”（phonology-syntax mismatches），还有 Duanmu（1995、1999）④ 提出的上海话连音变调域的重音循环指派法（tone sandhi domains are based on cyclic stress assignment），等等，都是从“句法影响韵律”的角度进行的研究。与此同时，Matthew Chen（1979）⑤ 还进行了“句法—韵律相互影响”的研究。他在汉语律诗的探讨中提出句法分枝和韵律分枝必须彼此对应的规律。当然，令人更为关注的是突破 Zwicky “句法无语音原则”的新理论：“韵律对句法的影响和制约”。这方面我们首先看到的是 Inkelas 和 Zec（1990）⑥ 有关韵律制约句法的研究，其次

---

① Matthew Chen. The syntax of Xiamen tone sandhi. *Phonology Yearbook* 4 (1987): 109-149.

② E. Selkirk. On derived domains in sentence phonology. *Phonology Yearbook* 3 (1986): 371-405.

③ E. Selkirk and Tong Shen. Prosodic domains in Shanghai Chinese. In: Sharon Inkelas and Draga Zec (eds.), *The Phonology-Syntax Connection*. Stanford and Chicago: CSLI Publications and University of Chicago Press, 1990. 313-337.

④ S. Duanmu. Metrical and tonal phonology of compounds in two Chinese dialects. *Language* 71.2 (1995): 225-259. & S. Duanmu. Metrical structure and tone: evidence from Mandarin and Shanghai. *Journal of East Asian Linguistics* 8.1 (1999): 1-38.

⑤ Matthew Chen. Metrical structure: evidence from Chinese poetry. *Linguistic Inquiry* 10.3 (1979): 371-420.

⑥ Sharon Inkelas and Draga Zec (eds.), *The Phonology-Syntax Connection*. Stanford and Chicago: CSLI Publications and University of Chicago Press, 1990. 365-378.

是 Feng（1991、1995）[①] 有关汉语的韵律结构和韵律制约的句法研究。继此则有 Zubizarreta（1998）的 P-movement[②] 以及董秀芳（1998）[③]“韵律制约的动补结构”等一系列的韵律制约句法的研究。

在新兴韵律理论的影响下，汉语韵律语法的研究发生了质的变化。早在 20 世纪 80 年代初期，语言学论坛上就涌现出一批年轻的韵律语法研究者，如陆丙甫、吴为善、张国宪、端木三、冯胜利等。1990 年，端木三与陆丙甫提出“辅重论”[④]，打响了当代韵律语法研究的第一枪。1997 年冯胜利到四川大学讲授韵律构词学（词汇化）和韵律句法学（核心重音）[⑤]，不久就有了董秀芳的《述补带宾句式中的韵律制约》(《语言研究》1998 年第 1 期）[⑥]。此后，韵律语法方面的研究论文便如雨后春笋般涌现。经过近 20 年来的蓬勃发展，韵律语法研究在中国已蔚为大观。最为突出的就是杨树达所批评的马建忠没有理论的情况已大为改观：当代汉语韵律语法有了自己的理论。最初是端木三的“辅重论”（1990、2000）和冯胜利的“核心重音说”（1991、1995），后来则有《汉

---

① S. Feng. Prosodic structure and word order change in Chinese. *The Penn Review of Linguistics* 15 (1991): 15-21. & S. Feng. *Prosodic Structure and Prosodically Constrained Syntax in Chinese*. PhD dissertation, UPENN, 1995.

② M. L. Zubizarreta. *Prosody, Focus, and Word Order*. Cambridge, MA: The MIT Press, 1998.

③《动补带宾句式中的韵律制约》，载于《语言研究》1998 年第 1 期。

④ 其论文 2002 年发表于 *Journal of the Chinese Language Teachers Association* 37.2: 123-136，名为“Rhythm and syntax in Chinese: a case study”。

⑤ 讲稿后来修改为《汉语的韵律、词法与句法》出版，北京大学出版社，1997/2005/2009。

⑥ 她后来从功能角度研究“词汇化”，成绩显著，但是给韵律导致的双音化的研究留出了很大的空间，有待开发。

语非线性音系学》(王洪君，1999、2008)、《汉语韵律句法学》(冯胜利，2000)、Chinese Phonology (Duanmu，2000) 以及 Prosodic Morphology (Feng，1997)[①] 等不同学说和理论的纷纷出炉。在中国，这些都是前所未有的新理论，因此也不容易一下子为人所理解。老实说，韵律语法理论的起步是相当艰难的，不仅当时的研究生，就是一般的学者对其中的“形式句法理论”“形式音系理论”也不太熟悉。为培养兴趣、奠定基础，韵律语法理论的引进和普及，最初采取的是“近取诸身”的做法。[②] 譬如把“核心重音”说成“不能头重脚轻”“切忌尾大不掉”〔而不是“管约(government and binding)为基础的核心重音的指派”〕。即使涉及管约的定义，也为便于理解而从简解说(informally speaking)，把“公式化的形式限定”说成大家能理解的“动词后不能有两个(可携带重音的)成分”，诸如此类，不胜枚举。结果呢？虽便于初学和理解，但也带来了始料未及的误解和分歧。有人不理解其中的运作，说：“汉语的名词可以做谓语，可见动词指派重音的理论有问题。”有人怀疑说：“句子的焦点重音是任意的，如何影响句法？”有人歧解道：“汉语的句子可以不用动词，可见动词指派重音的操作是错的。”有人质疑道：“1+2 的‘铁公鸡’可以说，凭什么说 1+2 不合法？”还有人直接反对说：“汉语没有重音，也没

① S. Feng. Prosodic structure and compound words in classical Chinese. In: Jerry Packard (ed.), *New Approaches to Chinese Word Formation: Morphology, Phonology and the Lexicon in Modern and Ancient Chinese*. Berlin: Mouton de Gruyter, 1997. 197-260.

② 王国维在讨论中国历史上引进西方新思想的实例时认为“西洋之思想之不能骤输入我中国，亦自然之势也”(《论近年之学术界》)。陈寅恪提倡“取珠而还椟”的方法(《吴宓与陈寅恪》)。其意至深，足资为鉴。

有音步，因此用重音、音步建立起来的韵律理论靠不住！”疑惑之极，竟有人质问：“韵律的作用到底有多大？”显然，有些问题已经超出学科的范围，因为我们一般不问“化学的作用有多大”。当然，我们都知道：如果“汉语没有音步”的话，怎么可能“55/55/555”“柴米 / 油盐 / 酱醋茶”的节律停顿都一样？假如“汉语没有重音（或凸显）”的话，那么人类语言节律中的“相对凸显律”将由何表现？我们更知道，新领域开辟、新学科建立之初，出现不同的意见和争议是很正常的。章太炎先生曾慨叹孙诒让的学术之所以未宏于世，是因为没人反对[①]；而对生成语法的质疑之声至今不绝于耳，却反促其发展，则更是范例。即如 1+2 的“铁公鸡”，虽非反例，但它给韵律语法提出了挑战。挑战促使我们发掘、发现更深的规律、更多的解释。1+2 [名词 + 名词] 为韵律理论所不容，然而就在解决这些反例的过程中我们发现了两条新的规律：一是“材料”（铁公鸡、木地板、棉手套；？钢铁公鸡、木头地板、？棉花手套）可用 1+2；二是“所有格”（班主任、校领导；班级主任、学校领导）可用 1+2。为什么呢？原因很可能是“材料、所有格”实际上是形容词性而不是名词性成分的缘故（参 Feng, 2001; Duanmu, 2012）[②]。这类现象，前人没有解释，

① “自孙诒让以后，经典大衰。像他这样大有成就的古文学家，因为没有卓异的今文学家和他对抗，竟因此经典一落千丈，这是可叹的。我们更可知学术的进步是靠着争辩，双方反对愈激烈，收效方愈增大。”《国学概论》，中华书局，2003 年，第 33 页。

② S. Feng. The multidimensional properties of wordhood in Chinese. *Contemporary Linguistics* 3 (2001): 161-174. & S. Duanmu. Word-length preferences in Chinese: a corpus study. *Journal of East Asian Linguistics* 21.1 (2012): 89-114.

甚至很难想到。因此，本着真理出于争辩的理念以及促进新兴学科发展的愿望和责任，我们编写了这套丛书。可以说，这套丛书是这个学科不断发展和成熟的标志，是东西方学术研究交汇和碰撞的结果，当然也是这个学科有待整合、总结以便深入发展的需要。

这套“汉语韵律语法丛书”的作者都是韵律语法领域中的前沿工作者。他们有的是该学科的资深学者，有的是该领域里的年轻新秀，但他们有一个共同点，就是对此新兴学科的热爱与执着，他们都在这一领域富有自己的心得和体会。

美国学者 Simpson 在 2014 年出版的《汉语语言学手册》(*The Handbook of Chinese Linguistics*)里面说：

> 将来的韵律与语法的相互作用的研究，无论是跨方言的共时研究，还是历时的研究（这是具有可能性的），都是未来汉语语言学研究中的一个丰富而内容充实的领域，是一个汉语可以为“有关人类语言的普通语言学理论”做出重要贡献的领域。[①]

这是对我们以往韵律语法研究的总结，更是我们将来努力的方向。是为序。

冯胜利（执笔）

2015 年 6 月

---

① Andrew Simpson. Prosody and syntax. In: C.-T. James Huang, Y.-H. Audrey Li, and Andrew Simpson (eds.), *The Handbook of Chinese Linguistics*. Oxford: Blackwell, 2014. 465-491.

目 录

1

第一章

上古汉语疑问句的韵律

本章主要介绍韵律句法学视野下对上古汉语疑问句的研究。疑问句主要包括是非问句、选择问句和特指问句。特指问句，又叫“Wh- 问句”，是“语法对问句做细分类的术语，指用疑问词起头的问句”（A wh-question is a term used in the grammatical subclassification of question types to refer to a question beginning with a question word. Crystal，2008：520）。朱德熙（1982：202）指出，在普通话中，“在相应的陈述句里带入疑问词语，加上疑问句调就变成了特指问句。特指问句后头可以有语气词‘呢、啊’，不能有‘吗’”。杨伯峻、何乐士（1992：864）指出，在古代汉语中，特指疑问句“是对事情的某一部分有所不明，用疑问代词把这一部分指出来提问……特指疑问句的主要标志是疑问代词，句末配合文义用语气词的情况不很普遍，有时句末用部分语气词如‘乎、者、也’等”。

“韵律句法学是研究韵律与句法之间相互作用的一个分学科……专门研究韵律如何影响、控制句法的构造。”（冯胜利，2013a：6）它关注句法（syntax）与韵律（prosody）两个层面的交互作用（interaction）。它所涉及的学科包括语音学（phonetics）、音系学（phonology）、节律音系学（metrical phonology）、句法学（syntax）等。其中节律音系学和句法学是韵律句法学最主要的两个理论工具。

韵律句法学研究的是韵律—句法的交互作用，关注韵律对句法的制约作用，因此“凡是和句法没有直接关系的韵律现象以及和韵律没有直接关系的句法现象，都不在研究范围之列”（冯胜利，2013a：10）。

根据 Selkirk（1980）、Hayes（1985）、Nespor & Vogel（1986）和 Zec（1988）等研究，韵律语法层级可以分为 8 层（冯胜利，2010）：

话语（utterance）
|
语调短语（intonation phrase）
|
韵律短语（prosodic phrase）
|
黏附词组（prosodic clitic）
|
韵律词（prosodic word）
|
音步（foot）
|
音节（syllable）
|
韵素（mora）

图 1–1　韵律层级结构

在这个韵律层级中，从下向上来看：韵素（mora）[①] 组成音节，音节组成音步（foot）。从韵素到音步，是语言韵律音系的基本特征。

韵律词（prosodic word）与音步是实现的关系。黏附词组（prosodic clitic）介于韵律词和韵律短语（prosodic phrase）之间，其中的黏附成分既可以与韵律短语组合，也可以与韵律词组合。

---

① 韵素有时也被翻译为“摩拉”，如王洪君（1999）。我们这里采用冯胜利（1997）的译法，把 mora 译为“韵素”。

例如，普通话中的“了、的、到”都是黏附成分。“的”可以附着在韵律词上，组成新的韵律短语，例如黏附成分“的”和“学校”组成韵律短语“学校的”。

（1）问：这些乐器是学生自己**的**？

答：不，是**学校的**。

黏附成分也可以和韵律词组成“超韵律词”。例如，黏附成分“到”与韵律词“摆平”组成三音节超韵律词“摆平到”。

韵律短语和黏附词组是核心重音实现的韵律层级，也是韵律句法学研究的核心。语调短语（intonation phrase）与话语（utterance）是韵律短语之上的韵律层级。语气以及焦点重音等均在这个层级实现，例如疑问句中疑问词的焦点重音的实现以及整个疑问句句调的实现都和这个层级密切相关。

下面各节分别从核心重音、韵素音步、音节音步及语调短语等四个韵律规则及韵律层级介绍上古汉语的疑问词及疑问句背后的韵律机制，最后对传统句法及生成句法视野下的疑问句研究做一简单回顾。

第一节　核心重音制约的疑问句语序

马建忠（1898）已留意到汉语中存在韵律和句法之间的互动现象。其后王力（1954：476-479）也开始探索韵律与句法之间的关系，如指出把字句源自诗歌这种具有特殊韵律要求的语体。

但从韵律句法学的角度研究上古汉语的特指疑问句则始于冯胜利（1994、2000、2013a）、Feng（1995、1996）。

冯胜利（2013a）指出，上古汉语中动词前的疑问宾语是两次句法移位的结果。

（2）国之存亡，天命也，童子何知焉？（《国语·晋语》）

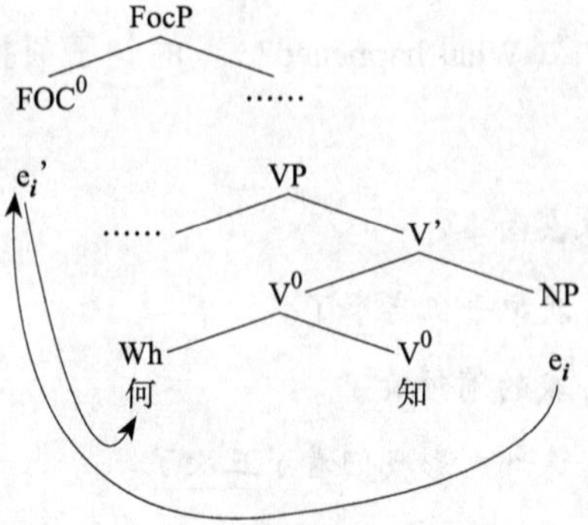

图 1–2　“何知”中“何”的句法移位

在商代和西周时期，汉语曾是主宾谓（SOV）型语言，所以表层结构“童子何知”仍符合 SOV 的语序。不过到了上古汉语中期，汉语已经是主谓宾（SVO）型语言，所以底层句法结构已经是 SVO。动词“知”的宾语“何”从 NP 进行“主题化的焦点移位”，移到焦点短语的核心 $Focus^0$，实现疑问焦点的功能（Feng，1995；冯胜利，2013a）。

在 SVO 型语言中，全句的核心重音（nuclear stress）[①] 由句末最后一个短语中右侧的成分承担（Liberman & Prince，1977）。但

① 核心重音（nuclear stress），也有人称为普通 / 正常重音（normal stress）或无值重音（default stress），本书采用“核心重音”这一术语。

句末动词“知”是单音节，无法独自组成双音节音步承担核心重音。所以，在双音节音步的韵律要求下，韵律上的弱读成分“何”作为附加成分（clitic）附着到“知”上，和“知”组成双音节音步“何知”。

核心重音是韵律句法学的核心概念，是一个短语在最一般的情况下表现出来的重音形式。整个短语是一个完整的信息体。回答“怎么回事？（What happened?）”的句子只携带核心重音。例如：

（3）问：怎么回事？

答：a. 我把手机忘家了。

b. 我的闹钟响了。

c. 这部电影我们看了三次了。

3个答句都是以全句作为一个完整信息体，回答“怎么回事？”，因此每句都有一个核心重音，分别落在“家、响、三次”上。

立足于相对凸显投射律（Relative Prominence Rule, Liberman, 1975），Liberman & Prince（1977）提出了核心重音的指派原则（Nuclear Stress Rule），首次从当代韵律学的角度把句法结构和核心重音联系起来。如下所示：

For any pair of sister nodes [N_1 N_2], then If [N_1 N_2]$_P$ where P is a phrasal category, then N_2 is strong.

（Liberman & Prince, 1977: 257）

任一对姊妹节点[N_1 N_2]，若[N_1 N_2]$_P$ 中P为短语，那么N_2较重。

（引自冯胜利，2013a：6）

由此可知，核心重音总是指派给核心重音范域中右侧的韵律成分。如下图所示（引自 Hogg & McCully，1987：65）：

图 1–3　英语短语中核心重音的指派

这里的名词短语 [black board]$_{NP}$ 中有两个姊妹成分 black 和 board。按照核心重音原则，核心重音指派给了右侧的成分 board。

如果整个短语不止两个姊妹成分，核心重音原则需要从句法短语最右侧的成分开始，沿线性序列，按照二分枝原则从右向左依次指派，建立句法—韵律成分组对（Hogg & McCully, 1987：71；冯胜利，2013a：65）。如果有句法短语嵌套在更大的句法短语中，那么首先要分别在各个嵌套短语内部进行核心重音的指派，然后再对更大的句法短语进行指派。例如（引自 Hogg & McCully，1987：72）：

（4）$[_{CP}$ C $[_{NP}$ Fred] $[_{VP}[_{V}$ sold] $[_{DP}$ the book] $[_{PP}$ to Mary]]].

第一步：

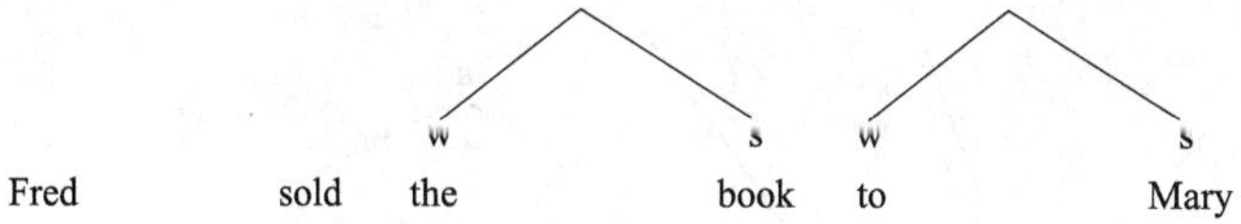

图 1–4　the book to Mary 中 book 和 Mary 重读

名词短语 the book 和介词短语 to Mary 嵌套在核心为 sold 的动词短语（VP）内。按照核心重音原则，依次在名词短语 the book 和介词短语 to Mary 中指派核心重音，名词 book 和 Mary 分别获得各自所在短语的核心重音。

第二步：

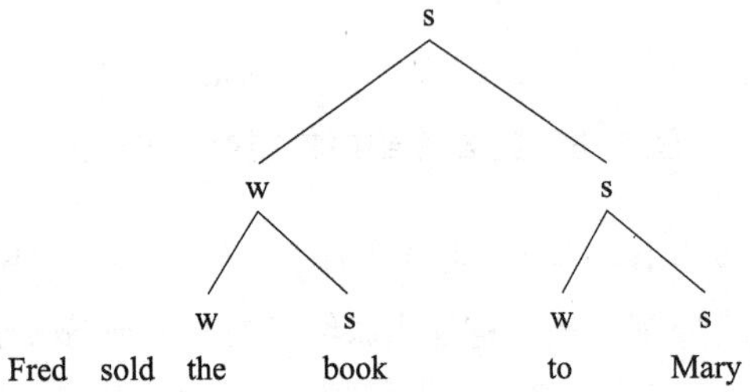

图 1–5 the book to Mary 中 Mary 比 book 重

在更高的层级上，根据核心重音原则，在名词短语 the book 和介词短语 to Mary 各自组成的两个韵律节点之间，核心重音被指派给介词短语 to Mary 所在的韵律节点。由此类推，最终得到了全句 Fred sold the book to Mary 的韵律结构。在全句中，句末名词 Mary 成为全句韵律最凸显的成分。

第三步：

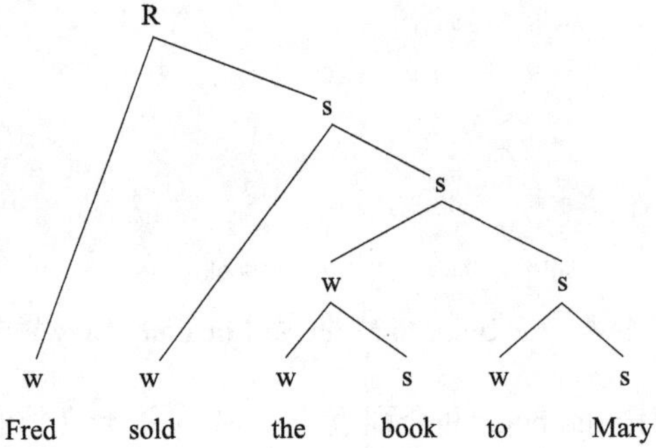

图 1–6 Fred sold the book to Mary 的核心重音指派

在核心重音的指派要求下，当疑问宾语为双音节组合时，在句法上也形成了新的句法对立：

（5）a. 宋何罪之有？（《墨子·公输》）

b. *[1] 宋何罪有？

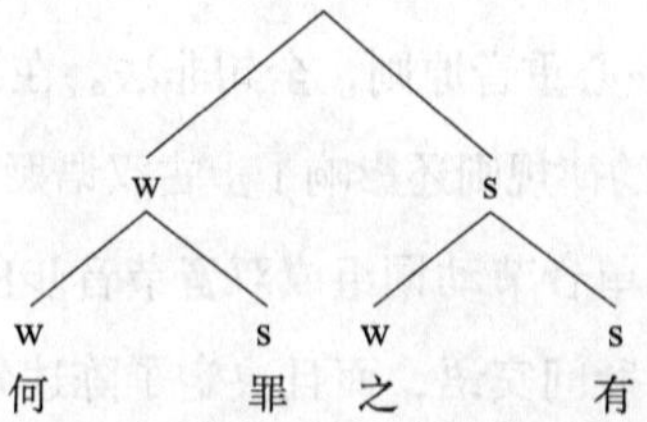

图 1–7　“何罪之有”的核心重音指派

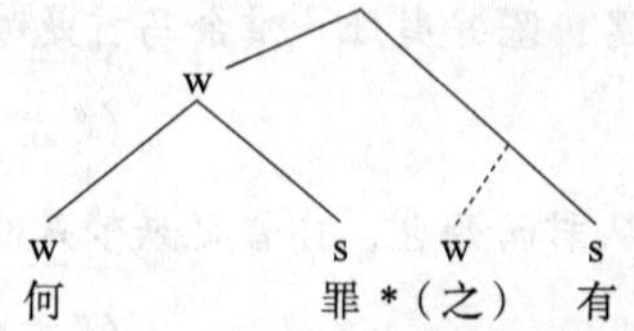

图 1–8　“* 何罪有”的核心重音指派

图 1–7 和图 1–8 分别为指派核心重音阶段“何罪之有”与“* 何罪有”的韵律结构。我们可以看到，在图 1–7 中，单音节谓语“有”和附着成分“之”组成双音节音步。当核心重音在“之有”和它

① 本书中“*”有两种用法。当出现在一个句子的前面时，“*”是句子不合法的标志。现代汉语的研究中，我们能够找到母语者（native speaker）进行语感判断，用“*”标识不合语感的句子。但我们无法找到上古汉语的母语者进行语感判断，因此书中也用“*”表示该结构在上古汉语时期的文献中没有用例，如例（5）。当“*”出现在音节的前面时，表示该音节是根据现在的语音学、音韵学的研究构拟出的上古汉语的语音，不一定是它的实际音值，如下页的“胡 *ga、何 *gal”。

的姊妹节点“何罪”之间指派时，双音节音步“之有”可以承担核心重音。同理，在图 1–8 中，当核心重音在单音节“有”和它的姊妹节点“何罪”之间指派时，单音节“有”承担核心重音，应该比它的姊妹节点“何罪”重。但是“有”是单音节，“何罪”是双音节，“何罪”比“有”重。因此在核心重音指派阶段，结构“何罪有”违背了核心重音原则，全句非法。在第二章和第三章我们还能看到，这一韵律规则还影响了上古汉语疑问词的句法分布。

这种迫使句末单音节动词组成双音节音步的韵律要求，不仅限于特指疑问句的疑问宾语，而且决定了陈述句中插入复指代词的句法操作。

（6）a. 鸡鸣而驾，塞井夷灶，唯余马首是瞻。

（《左传·襄公十四年》）

b. 寡人之从君而西也，亦晋之妖梦是践，岂敢以至。

（《左传·僖公十五年》）

复指代词“是”与句末动词组成双音节音步“是瞻、是践”，“是”与“何”都是附着成分，附着在动词上。

但这样的操作在商周乃至先秦汉语早期却不存在。例如：

（7）a. 唯黍年受。（《甲骨文合集》9988，见张玉金，2001：216）

b. 我民迪小子惟土物爱，厥心臧。（《尚书·酒诰》）

这是因为在商周乃至先秦汉语早期，汉语的“韵律形态”（冯胜利，2008；王丽娟，2009）还没有确立双音节的音步类型，句末单音节动词“受”不必插入复指代词“是”即可承担核心重音。因此从商周到先秦时期，呈现出复指代词插入的操作由可有可无到非有不可的演变过程。

第二节　韵素音步与疑问词

一、韵素音步

在图 1–1 中，最小的韵律单位就是韵素。前人的研究（潘悟云，2000、2013；施向东、朱红，2009；冯胜利，2012；赵璞嵩，2014；李果，2015；等等）指出，不同疑问词所包含的韵素数量不同，在韵素层面上，这导致疑问词的韵律轻重也各不相同。例如，潘悟云（2000）转述并认同郑张尚芳的观点——疑问词“胡 *ga”是普通式，而疑问词“何 *gal”带有韵尾 /-l/，是强调式。施向东、朱红（2009）指出，上古“何”（歌部）与“胡”（鱼部）之间是强调形式和非强调形式的对立。

韵素是韵律上承担音节重量的单位（Prince，1980；McCarthy & Prince，1986；Zec，1988；Hayes，1989；等等）。在韵律层级（Selkirk，1980；Hayes，1985；Nespor & Vogel，1986；Zec，1988；等等）上，韵素是最小单位。韵素之上的韵律单位是音节，音节之上是音步。从韵律上看，音步是语流中最小的一组轻重组合。Liberman & Prince（1977）提出“相对凸显投射律”，指出轻重是一组相互依赖的关系。在韵律层面，一个成分只能相对于另一个成分轻（或重），一个成分不可能独自绝对的轻（或重）。因此，音步总是由两个成分组成，即音步二分（foot binarity），如图 1–9 所示（Prince，1980；McCarthy & Prince，1986；Hayes，1995）：

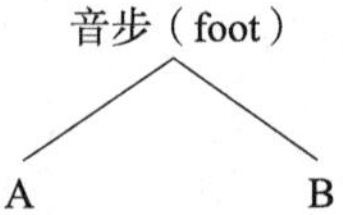

图 1–9 音步二分

单独一个成分不能独立组成音步。如图 1–10、1–11 所示：

图 1–10 音步不能由单重成分组成

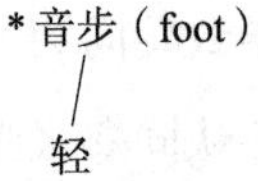

图 1–11 音步不能由单轻成分组成

音节和韵素都可以组成音步。如果两个音节组成一个音步，那么它们构成一个双音节音步。如图 1–12 所示：

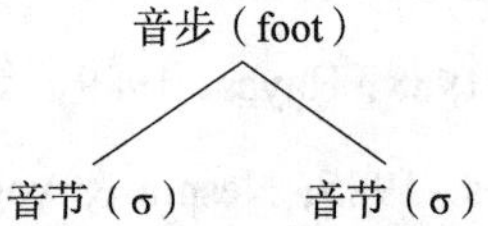

图 1–12 双音节音步

如果两个韵素直接组成一个音步，那么它们构成一个双韵素音步。如图 1–13 所示：

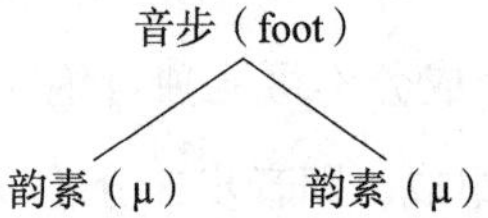

图 1–13 双韵素音步

这一点在共时层面也得到了类型学上的支持。Hayes（1985、1987）、McCarthy & Prince（1986）指出，双音节音步的类型出现在对韵素数量不敏感的语言（如汉语普通话）中，双韵素音步出现在对韵素数量敏感的语言（如阿拉伯语、日语）中。而且韵素音步还可进一步细分为以下 3 种类型（Hayes, 1985），如表 1–1 所示：

表 1–1　韵素音步的 3 种类型

	抑扬格（Iambic）	扬抑格（trochaic）
韵素音步类型	LH	LL, H
	LL, H	

表格中 L 是轻音节（light syllable）的简写，表示仅由一个韵素组成的音节。例如音节 /pa/ 由韵素 /a/ 组成，是轻音节。H 是重音节（heavy syllable）的简写，表示由两个韵素组成的音节。这两个韵素既可以相同，也可以不同。例如重音节/pat/由/a/和/t/组成，而重音节 /paa/ 由两个 /a/ 组成。

因为语言对韵素的数量敏感，所以一个重音节（H）即可组成一个音步；而一个轻音节必须和另一个轻音节或重音节组合（LL 或 LH）才能满足至少两个韵素的要求，组成韵素音步。由两个轻音节（LL）或一个重音节（H）组成的音步，既可以是前轻后重（[w s]）的抑扬格，也可以是前重后轻（[s w]）的扬抑格；而由一轻一重两个音节（LH）组成的音步只能是前轻后重（[w s]）的抑扬格。

韵素音步出现在对韵素数量敏感的语言中。如果一种语言的音步类型是韵素音步，那么在韵律上它具有双重的意义。一方面，在这种语言中韵素可以越过音节这一层面直接组成音步。也就是说，如果一个音节包含两个韵素，那么单音节也可以组成一个音步。如图 1–14 所示：

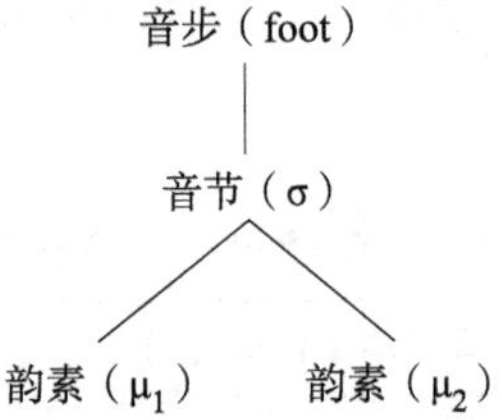

图 1–14 双韵素音步

另一方面，不同音节内包含的韵素数量，以及不同韵素所处的响度等级（sonority scale），则决定了不同音节之间的轻重关系。冯胜利（2000：43）指出，如果音节内包含的韵素数量能够满足韵素音步的要求，就表现为重；不能满足韵素音步对韵素数量的要求，就表现为轻。因此，在韵素数量方面，如果音节 A 比音节 B 包含的韵素数量多，那么音节 A 比音节 B 重。例如，在阿拉伯语中，音节 /faal/ 有 3 个韵素（/a/、/a/ 和 /l/），音节 /na/ 有 1 个韵素（/a/），/faal/ 在韵律上比 /na/ 更重（McCarthy & Prince，1990）。根据 Hogg & McCully（1987：33）划分的响度等级，低元音（如 /a/）的响度值最大，而清塞音（如 /p/、/t/、/k/）的响度值最小。

二、韵素音步与句法分布

韵素音步不仅是重要的音步类型，而且对语法具有制约作用。过去国内外学者在韵素音步对构词的制约作用方面做了大量的研究。例如 McCarthy & Prince（1986、1990、1993）以韵素音步作为构词模块（template），解释了南岛语系的伊洛卡诺语（Ilokano）、迪亚里语（Diyari）等语言中的复数重叠（reduplication）现象。

冯胜利（2010）、赵璞嵩（2014）则关注到韵素音步对句法的制约作用。不同的句法位置，对韵律的凸显有不同的要求。由此，包含不同韵素数量或韵素响度等级不同的音节，如果出现在韵律上要求凸显的句法位置，那么在句法分布上韵素少的成分比韵素多的成分受到更多的限制。

经过前人的长期研究（段玉裁，2007；王引之，1984；章太炎，1985；俞敏，1999；Takashima，1999；郑张尚芳，2013；潘悟云，2000；等等），我们发现上古汉语存在一类特殊的句法现象：大量的语义相同的成分在句法上存在对立，彼此的句法位置不能互换。例如上古汉语中，第一人称代词“我”可以出现在陈述句中，做句末动词的宾语；但“吾”不能代替“我”出现在这样的句法位置。过去的研究把这类“吾”与“我”的对立解释为“语势轻重”或元音弱化。

冯胜利（2012）、赵璞嵩（2014）从韵素音步的角度入手，指出这类现象是韵素音步对句法制约的结果。因为歌部字“我”（*-ɑl）比鱼部字“吾”（* ɑ）的韵素数量多，所以出现要求韵律凸显的句法位置使用“我”（*-al）而不用“吾”（*-al）的对立。

冯胜利（2012）从韵素音步的角度入手，使过去研究中许多互不关联的语言现象统一在韵素音步制约句法分布的规则之下。例如：

① 鱼部字与歌部字对立；

② 疑问语气词“邪”/*-a/ 与“也”/*-a/ 对立；

③ 提顿语气词“者”/*-a/ 与“也”/*-a/ 对立；

④ 动词“有”/*-ə/ 与“为”/*-ai/ 对立；

⑤ 代词“之”/*-ə/ 与“诸”/*-a/ 对立；

⑥ 阴声韵代词与入声韵代词对立；

⑦ 连词“而”/*-ə/ 与“则”/*-ək/ 对立；

⑧ 阴声韵否定词与入声韵否定词对立；

⑨ 阴声韵“有”与入声韵“或”对立；

⑩ 阴声韵连词与入声韵连词对立。

语气词“者”与“也”、“邪”与“也”、“乎”与“也”都存在由韵素音步造成的韵律轻重对立。

（8）a. 古**者**民有三疾，今**也**或是之亡也。(《论语·阳货》)

b.* 古**也**民有三疾，今**者**或是之亡也。

（9）a. 子岂治其痔**邪**，何得车之多**也**？（《庄子·列御寇》）

b.* 子岂治其痔**也**，何得车之多**邪**？

（10）a. 敢问天道**乎**？抑人故**也**？（《国语·周语》）

b.* 敢问天道**也**？抑人故**乎**？

这里韵律上较重的语气词（“也”）和较轻的语气词（“者、邪、乎”）在线性顺序中均为[轻 重](“……者/邪/乎……也”)，如果变为 *[重 轻]，则句子不成立（*“……也……者/邪/乎”），但是韵律上等重的成分顺序自由（“……也……也”或“……乎……邪”）。

（11）不知人杀乎？抑厉鬼邪？（《国语·晋语》）

（12）抑刑戮也，其夭札也？（《国语·鲁语》）

赵璞嵩（2012、2014）从韵素音步入手，系统梳理了“吾 *ŋa”（鱼部）“我 *ŋal”（歌部）在上古汉语中的句法分布及历时演变，指出“我 *ŋal”是第一人称的标准形式，“吾 *ŋa”是“我 *ŋal”在特定语音环境中出现的弱化形式。

首先，在历史上，先出现“我 *ŋal”，后出现“吾 *ŋa”。其次，在韵律上要求凸显、强调的位置，例如承担焦点重音或核心重音的句法位置，只能出现“我 *ŋal”，如（13a）（14a），不能出现“吾 *ŋa”，如（13b）（14b）；在没有重音要求的句法位置，“吾 *ŋa、我 *ŋal”均可出现，如（15）（16）。

（13）a. 虽然，夫折大木，蜚大屋者，唯我能也。（《庄子·秋水》）

b. * 夫折大木，蜚大屋者，唯吾能也。

（14）a. 往也蕲见我，今也又蕲见我，是必有以振我也。

（《庄子·田子方》）

b. * 是必有以振吾也。

（15）不如以地请合于齐，赵必救我。若不吾救，不得不事。

（《战国策·燕策一》）

（16）我竭力耕田，共为子职而已矣，父母之不我爱，于我何哉？（《孟子·万章上》）

“吾 *ŋa、我 *ŋal”都是第一人称代词，可以出现在动词和介词的论元（主语、宾语）位置。在韵律上没有要求出现承担重音的位置，“吾 *ŋa、我 *ŋal”都能出现，如（15）（16）。但在要求承担焦点重音（13a）及核心重音的位置（14a），“吾 *ŋa、我 *ŋal”的句法分布出现对立。因为“吾 *ŋa”在韵律上比“我 *ŋal”轻，所以“我 *ŋal”能出现在韵律要求承担重音的句法位置，但是“吾 *ŋa”不能出现在这些位置。

第三节 音节音步与句法

不仅韵素层面的韵律规则影响了汉语的语法，比韵素更大的韵律单位——音节及其组成的音节音步同样对汉语语法有深刻的影响。在汉语的历时发展演变中，疑问词的“双音化”是一个重要现象，这和汉语音节音步的建立、发展密不可分。

在韵律层级中，音节是韵素之上的韵律单位，由韵素组成。由音节组成的音节音步是韵律上的重要的音步类型。在韵律—词法 / 句法界面，音节音步也对构词和句法起着制约、激发的控制作用。过去国内外的学者对韵律制约构词的现象做了大量的研究（McCarthy & Prince，1986；Feng，1995；冯胜利，1996、1998、2001、2012；王洪君，1996、2012；王云路，2007；王丽娟，2009；崔四行，2011；庄会彬、刘振前，2011；冯赫，2014；等等）。Feng（1995）指出，双音节音步的确立导致汉语在历时演变中出现了“双音化”现象。上古汉语中的单音节到了中古汉语中转变为双音节的联绵词：[孔]$_{\sigma}$→[窟窿]$_{\sigma\sigma}$，[笔]$_{\sigma}$→[不律]$_{\sigma\sigma}$，[仆]$_{\sigma}$→[不谷]$_{\sigma\sigma}$。

这一演变大致以汉代为界。汉代以前汉语中还存在双韵素音步，单双音节都可组成标准音步，音节内部的韵素数量会影响不同音节的韵律轻重。汉代开始，汉语中的双韵素音步变为双音节音步，双音节音步才能组成标准音步。如图 1–15 所示：

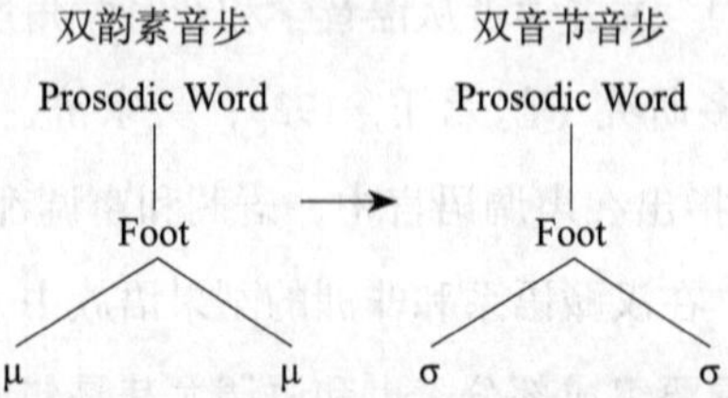

图 1–15　双韵素音步向双音节音步的转变

冯胜利（1997、2009a）还指出，双音节组合的类型也呈现出早期多为偏正结构而后期多为并列结构的特点。因为组成双音节组合是双音节音步的要求，在韵律上的双音节音步的要求下，并列结构可以在不改变语义的同时满足双音节音步的要求，因此成为双音节组合的主要结构类型。所以，在汉代，双韵素音步已经被双音节音步所取代。在第三章中，我们将看到这一韵律类型的转变深刻地影响了汉语疑问词的双音化进程，并使它呈现出独特的面貌。

第四节　语调短语与疑问句

不仅音节、音步与句法有直接的关系，语调（intonation）与句法也同样有直接的关系。疑问语调和疑问句法就是如此。我们知道，疑问语调和疑问语气词是决定疑问句句类的重要形态标志，它们都是在语调短语层面实现的。在形式上，语调短语是“两个边界调支配的一个话段”（An utterance span dominated by boundary tones，克里斯特尔，2000：188）。

在语调短语中，语调是“以特殊方式使用的音高形式或旋律”（the distinctive use of patterns of pitch, or melody，克里斯特尔，2000：188）。过去学者从语音学和音系学角度对语调和声调的关系做了很多研究（赵元任，1929；吴宗济，1982；林茂灿，2006；等等），指出在声调语言中，语调和声调都在F^0实现，相互影响。同时，在汉藏语系和非洲的刚果语族中，句末语气词作为语调短语的重要组成部分，也和语调尤其是句调之间具有密切的联系（Chao，1968；Liberman，1975；Hyamn，1990；Yip，2002；冯胜利，2015b、2017a、2017b；等等），语气词和语调类型之间存在补偿关系，“句末语气词和语调是标句短语层面上同一机制产生的不同结果”（冯胜利，2015b）。

语调短语尤其是句调短语对句法起着制约、激发的控制作用。和音步相比，对该层面中韵律与词法、句法的交互作用的研究在国内外都处于起步阶段（Richards，2010；冯胜利，2013a、2015b、2017a、2017b；Constant，2014；Giblin & Steddy，2014；等等），但对汉语句调和句末语气词关系的研究则领时代之先。句调是“与核心重音重合的语调短语”，在现代汉语中“由停断语音特征构成的止句调所标记”（冯胜利，2017b）[①]。例如，汉语历时演变中语调演化为句末语气词（冯胜利，2015b），句末语气词控制疑问词的移位操作（wh-movement）等。

以句调转化为句末语气词为例。冯胜利（2015b、2017a、2017b）指出，句末语气词和句调是标句短语层面同一机制产生

---

① 在第四章“语调重音促发的疑问语气词‘为’”中，如无特殊说明，文中所述“语调”均指出现在句末的句调。

的不同现象，语气词是一定条件下句调的一种变体。

在上古汉语中，不使用句末语气词，仅使用语调也可在语音层面实现疑问语气。杨永龙（2009：193）指出，“汉语的语气要素可以是语调，也可以是句尾语气词”，可以使用语调来实现句末语气词表示的语气。

（17）不识臣之力也，君之力也？（《韩非子·难二》）

（18）岂以仁义为不美也？（《孟子·公孙丑下》）

句末语气词“也”表示陈述语气。但（17）是疑问句，（18）是反诘问句。疑问和反诘语气是由位置在“也”之后的疑问句调和反诘句调在各自的标句短语层面实现的。

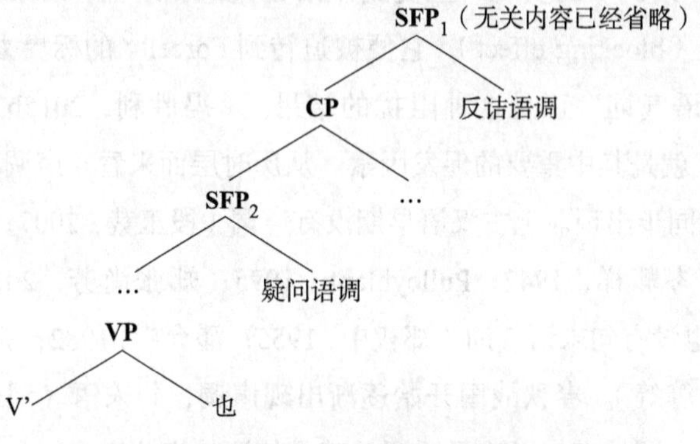

图 1–16　疑问句调、反诘句调实现的句法位置

（17）和（18）中的疑问句调和反诘句调也可以使用句末语气词来实现，例如（19）（20）中的“邪、哉”：

（19）若果是也，我果非也<u>邪</u>？（《庄子·齐物论》）

（20）岂非计久长，有子孙相继为王也<u>哉</u>？（《战国策·赵策四》）

语气词“邪、哉”分别在句末实现了疑问句调和反诘句调。

（17）和（19）虽然采用不同形式，但都表达疑问语气；（18）和（20）虽然采用不同形式，但都表达反诘语气。

不仅上古汉语如此。Constant（2014）指出，英语中使用升调（rising tone，L-H）来标识某种语气。

（21）[FRED] $_{CT}$ ... ate the Beans.

L+H* L-H%

（转引自 Constant，2014：212）

英语没有句末语气词，所以英语把一个升调（L-H）放在"对比话题" Fred 之后来标识它。如果语调无法在语音层面实现，就需要使用其他手段来表达。

"（语调）的实现一旦受到该语言其他（语音）因素的干扰和拒阻（blocking effect），它便被迫转到 ForceP[①] 的标界去实现。'语力语气词'正是这种阻扰的结果。"（冯胜利，2015b）声调（tone）就是其中重要的促发因素。从历时层面来看，声调和句末语气词同步出现。上古汉语早期没有声调（段玉裁，2007；黄侃，1964；岑麒祥，1942；Pulleyblank，1995；郑张尚芳，2013；等等），也没有句末语气词（郑权中，1955；潘允中，1982；张振林，1982；等等）。春秋战国开始逐渐出现声调，句末语气词也由少到多。声调的产生影响了语调尤其是句调的充分实现。在语调短语层面，句调可能会转化为句末语气词，如：

（22）a. 我生不有命在天？（《尚书·西伯戡黎》）

b. 我生不有命在天<u>乎</u>？（《史记·殷本纪》）

① 冯胜利后来对此做了微调，将 ForceP 改为 CP。本书中一律按照调整后的解释，将语气词、语调和句调的句法位置都安置在 CP。相关论述详见冯胜利（2015b、2017a、2017b）。

我们看到，商周时代的文献中用句调表达疑问语气，到了西汉的《史记》中则改用语气词“乎”表达疑问语气。在同一历史时期，作为动词宾语的疑问词，也由通过移位操作出现在动词之前演变为留在原位出现在动词之后。

在共时层面，普通话的声调比粤语少，普通话的句末语气词也比粤语少。和汉语相比，英语没有声调，也没有句末语气词。

综上所述，韵律句法学的研究开拓了对上古汉语特指疑问句的研究。它不仅使用同样的语法规则解释了一些看似相异的现象，如疑问宾语前置与插入复指代词；还解释了从远古汉语到上古汉语，再到现代汉语中某些历时演变的成因与机制，如声调与句末语气词的产生。除了从韵律句法学角度对其进行研究外，下面我们还将介绍其他对上古汉语特指疑问句的已有研究成果。

第五节 上古汉语特指疑问句的已有研究成果

上古汉语特指疑问句的句法一直是汉语研究的焦点。自《马氏文通》以来，学术界对上古汉语特指疑问句句法的研究方法、研究视角均发生了很大改变。本节从传统研究和历时句法学研究两个角度介绍上古汉语特指疑问句的已有研究成果。

一、传统研究

自《马氏文通》始，学界开始使用现代语言学的理论对上古汉语特指疑问句进行研究。研究的范围很广泛，尤其是对疑问词和句末语气词的研究取得了很大的成就。研究者们对上古汉语的疑问词和句末语气词逐一进行细致的描写、分类和辨析，主要成果如马建忠（1898），吕叔湘（1954），王力（1954），周法高（1959），太田辰夫（1987），郭锡良（2005），魏培泉（1989、2003），杨伯峻、何乐士（1992），蒋绍愚（1994、2014），Pulleyblank（1995），Peyraube（1996），贝罗贝、吴福祥（2000），王海棻（2001），Xu（2006）及杨永龙（2009）等。已有的研究成果大致体现在以下四个方面：

一是对上古汉语特指疑问句中疑问词的句法分布进行了全面细致的描写。例如周法高（1959）把上古汉语中16种主要疑问词按照声母和用法分为四组：

① 何、盍、奚、胡、曷、瑕、侯、号；

② 台、以；

③ 谁、孰、畴；

④ 恶、焉、安。

并对这些疑问词的句法分布进行了逐一描写与分析。以“何”为例，周法高（1959：167-178）把“何”的句法位置总结为以下五种：

（23）a. 在判断句中做表语

天之所欲者，何也？所恶者，何也？（《墨子·天志下》）

b. 做述语的宾语

芒乎何之？忽乎何适？（《庄子·天下》）

c. 做介词的宾语

不为者与不能者之形何以异？（《孟子·梁惠王上》）

d. 做定语

虢多凉德，其何土之能得？（《左传·庄公三十二年》）

e. 做状语：

彼且何肯以物为事乎！（《庄子·德充符》）

传统研究也关注到上古汉语到中古汉语时期不同句法位置疑问词的“双音化”现象，对此进行了细致的描写。例如，周法高（1959），魏培泉（1989），贝罗贝、吴福祥（2000），董秀芳（2002）等对双音节疑问词如“何物、何等、何以、何为、如何”的历史演变进行了描写与分析。

二是对上古汉语中的特指疑问句的语序进行了分析。最有代表性的是对上古汉语疑问代词宾语前置现象的分析。在上古汉语中，疑问代词做动词和介词的宾语，总是出现在动词和介词的前面，如（24）所示。马建忠（1898）已指出，“询问代字凡在宾次，必先其所宾，其不先者仅矣。此不易之例也”。杨伯峻、何乐士（1992：791）也指出，“问句中的疑问代词宾语前置是先秦汉语中一条比较严格的语法规律”。

（24）a. 彼其道幽远而无人，吾谁与为邻？（《庄子·山木》）

b. 吾何以观之哉？（《论语·八佾》）

三是对上古汉语中特指疑问句的句末语气词进行了描写。研究者们对疑问句中句末语气词的结构层次以及疑问句与句末语气词的配合关系都进行了讨论。例如杨永龙（2000）指出，“汉语的语气词要素既可以是语调，也可以是句尾语气词”。因此在（25）（26）的特指疑问句中，陈述语气词“也”后还有一个隐含的疑问语调。这个疑问语调可以用语气词如“与、乎”表达出来。

（25）a. 惠王问诸内史过曰："是何故也[+疑问语调]？"

（《左传·庄公三十二年》）

b. 惠王问诸内史过曰："是何故也乎？"

（26）a. 为民纪纲者何也[+疑问语调]？（《吕氏春秋·用民》）

b. 为民纪纲者何也与？

四是对上古汉语中特指疑问句的结构提出了解释。例如对于上古汉语中的特指疑问句[何/奚+（以）+XP+为]，吕叔湘（1954：72）指出，结构[何/奚+（以）+XP+为]由[何/奚为]拆置而成，用于询问目的；蒋绍愚（2014：6）指出，当XP是名词短语NP时，结构[何/奚+（以）+NP+为]即[（以）+XP+为何/奚]，"为"是动词，如例（27a）。因为"何/奚以"可以重新分析为"为什么"，作为动词短语的修饰语，短语XP可以替换为动词短语，"为"是语气词，如例（27b）。

（27）a. 吾何以天下为$_{V}$哉？（《庄子·让王》）

b. 奚以之九万里而南为$_{SFP}$？（《吕氏春秋·赞能》）

二、历时句法学研究

历时句法学一直探究从句法演变的机制角度分析、解释上古汉语的疑问句现象，其基础是生成语法。自Huang（1982）以来，特指疑问句一直是汉语生成句法学研究的核心之一。与传统研究不同，生成句法学更加关心如何在普遍语法（universal grammar）的原则下解释汉语这类疑问词原位（wh-in-situ）语言中特指疑问句的生成机制（mechanism）。针对汉语的特指疑问句，主要有两种观点：

第一，“移位”说。代表成果如 Huang（1982），Fingo et al.（1988）。Huang（1982）认为，汉语中的疑问词在句法层面留在原位，没有进行移位操作，如（28a）。当整个结构进入逻辑层面（logic form），疑问词进行移位，移到句子边缘位置［比如标句短语的指定语位置（specifier，CP）］，如（28b）。

（28）a. 张三看见了谁？

b. $[_{CP}$ 谁 $_i$ $[_{IP}$ 张三看见了 $t_i]]$？

c. Who did John see?

（引自 Huang、Li & Li，2009: 260-261）

因此英语中疑问词移位（wh-movement）的特指疑问句（28c）和汉语中疑问词原位的特指疑问句都是疑问词移位的机制生成的。不同点在于英语中的疑问词在句法层面进行显性移位（overt movement），而汉语是在逻辑层面进行隐性移位（covert movement）。

不仅如此，汉语中疑问副词和疑问代词在进行隐性移位时的操作也有差别，在句法分布上疑问副词和疑问代词也彼此对立。

（29）a.* 你最喜欢［为什么买书的人］？

a’. *［为什么］$_i$ 你最喜欢［t_i 买书的人］？

b. 你最喜欢［买什么的人］？

b’.［什么］$_i$ 你最喜欢［买 t_i 的人］？

（引自 Huang、Li & Li，2009：263，266）

如果对疑问副词“为什么”进行移位操作，会导致“孤岛效应”(island effect)，疑问副词“为什么”不能移到句子边缘，整个结构无法得到合理解释，全句非法。如果对疑问代词“什么”进行移位操作，就不会导致“孤岛效应”，疑问代词“什么”可以移到句子边缘，整个结构得到合理解释，全句合法。

第二，“原位”说。代表成果如 Aoun & Li（1993）、Tsai（1994）、Lin（1998）、Dong（2009）。Tsai（1994）提出汉语的疑问词本身并不内含疑问的句法特征（[+Q] feature），疑问词在句法层面和逻辑层面都留在原位，没有进行移位操作。但在句子边缘位置基础生成（base generate）了一个携带疑问特征的算子（question operator，简写为 Qu），且这个疑问算子在句法上约束（bind）疑问词，并和疑问词同指（co-index）。

（30）a. 张三以为李四买了什么？

a' [Qu i [张三以为 [[李四买了 [什么]$_i$]]]] ?

（引自 Huang、Li & Li，2009：278）

在（30a'）中，疑问算子 Qu 占据句子左边缘，并和疑问词“什么”同指。而英语的疑问词在词内部就包含疑问算子，在词库中就以 wh- 的形式形成了，如：wh-o，wh-at，wh-ere，wh-y，wh-en（转引自 Tsai，1994）。所以英语中的疑问词需要在句法上进行移位操作，移至句子的边缘位置。而汉语采用在句子的边缘位置基础生成疑问算子 Qu，疑问词并没有移位。

基于生成句法学对汉语尤其是现代汉语中特指疑问句的研究，历时句法学也对上古汉语特指疑问句做了探索，如魏培泉

（1999）、Aldridge（2010）等。Aldridge（2010）对上古汉语中疑问代词宾语前置的现象进行了分析，并提出上古汉语是主谓宾（SVO）型语言。疑问代词宾语在句法层面进行显性移位，移到动词短语的指定语位置，位在主语之后。与此同时在标句词短语的指定语位置（Spec., CP）基础生成了疑问算子 OP，与疑问宾语同指，如图 1–17 所示（引自 Aldridge，2010：4）：

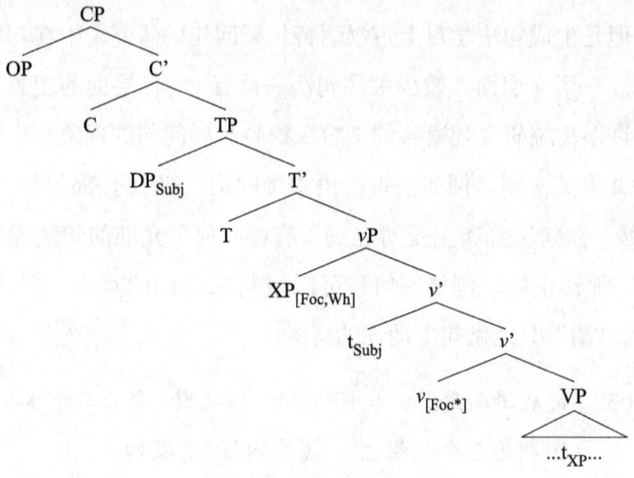

图 1–17　上古汉语疑问代词做宾语的句法结构

（31）天下之父归之，其子［焉］$_i$［往 t_i］？（《孟子·离娄上》）

（31）中的疑问宾语“焉”移到了轻动词（light verb）短语 *v*P 的指定语位置。

历时句法学对汉语特指疑问句的句末语气词同样进行了深入研究，但主要集中在对现代汉语特指疑问句的句末语气词的研究，如 Cheng（1991）、Tang（1998、2015）、邓思颖（2006）、

Constant（2014）等，对句末语气词与句类、边界调以及句内副词的关系都有讨论。

与传统研究相比，生成语言学立足于普遍语法原则，把上古汉语的特指疑问句和现代汉语乃至英语联系起来，指出它们均立足于生成语法的句法操作而产生。与传统研究相比，生成语言学更加关注特指疑问句的句法操作程序，观察到了与特指疑问句有关的更多的新现象。

但是生成句法学对上古汉语特指疑问句的研究集中在句法以及句法—语义层面，较少关注句法—语音/韵律层面的现象。因此，许多传统研究观察到的上古汉语特指疑问句的现象，生成句法学并未关注到。例如上古汉语中疑问词“胡”（鱼部）与“何”（歌部）在句法分布上是对立的，有些“何”允准的句法操作是“胡”所禁止的。例如“何”可以做句末动词的宾语，但“胡”不能，“胡”只能做句中动词的宾语。

（32）a. 我退而楚还，我将<u>何</u>求？（《左传·僖公二十八年》）

b. <u>胡</u>为至今不朝也？（《战国策·齐策四》）

c. * 我退而楚还，我将<u>胡</u>求？

从生成句法学来看，“胡、何”在句法结构中占据同样的句法节点，在句法上没有区别。如果“何”可以做句末动词“求”的宾语，那么“胡”也应该能做句末动词“求”的宾语。但是（32）的三个例子清楚地表明，“胡”不能做句末动词的宾语。对于这类“胡、何”在句法分布上的对立，生成句法学很难从纯句法层面给出合理的解释。

另外，对于特指疑问句从上古汉语中期到上古汉语晚期乃至中古汉语时期所发生的历时演变，生成句法学讨论得也很少。仍以“胡”做句末动词的宾语为例，到了上古汉语晚期，“胡”做句末动词的宾语的现象又由非法变为合法。

（33）a. 至朝时，惠帝让参曰：“与窋胡治乎？乃者我使谏君也。”（《史记·曹相国世家》）

b. 毋曰胡残，其祸将然；毋曰胡害，其祸将大；毋曰胡伤，其祸将长。（《大戴礼记·武王践阼》）

这里，“胡”可以做句末动词（如“治、残”等）的宾语。如果仅从句法层面看，生成句法学很难找到一个普遍语法框架下的原则来解释汉语特指疑问句中的这类历时演变现象。

第六节　结　语

上古汉语中的疑问词和疑问句一直是汉语史研究的热门问题。自《马氏文通》至今，使用现代语言学的理论对上古汉语特指疑问句进行的研究取得了丰富的成果。以《马氏文通》为代表的传统研究对上古汉语特指疑问句中疑问词的句法分布、语序及句末语气词进行了全面细致的描写，并对特指疑问句的结构提出了解释。此外，立足于生成句法的历时句法学从句法演变的机制角度分析、解释上古汉语的疑问句现象，提出了移位说、原位说等不同的解释。以上的研究方法虽然取得了很多成就，但在分析特指疑问词和疑问句的语言机制方面仍有待加强。

本书从韵律语法学的视角入手，探究上古汉语特指疑问词和疑问句的词法和句法。本章介绍了韵律句法学的基本概念——专门研究韵律如何影响、控制句法的构造的一门分学科。以韵律层级结构为框架，本章介绍了之前从韵律句法学角度分析上古汉语语法的成果，如核心重音制约的疑问句语序，句调、声调与语气词的互动，双音节音步促发的双音化以及韵素音步制约的第一人称代词等。本书以下各章将在此基础上分别探讨韵素音步（第二章）、音节音步（第三章）以及语调短语（第四章）层面上韵律制约上古汉语疑问句句法的现象。

思考与练习

1. 什么是韵律?
2. 请谈谈韵律的层级结构。
3. 举例说明如何进行核心重音与焦点重音的指派。
4. 请说明语调和句调的关系。
5. 汉语史上音步和核心重音的类型都发生过哪些变化?

2

第二章

疑问词“胡 *ga、何 *gal”的韵素数量与轻重①

① 本章部分内容曾发表于《汉语史研究集刊》(第二十二辑)。

第一节 引 言

本章讨论上古汉语中韵素的数量与轻重如何制约疑问词“胡 *ga、何 *gal”在特指疑问句中的句法分布。

过去的研究（吕叔湘，1941；王力，1944；周法高，1959；杨伯峻、何乐士，1992；贝罗贝、吴福祥，2000）表明：上古汉语中疑问词“胡 *ga”（鱼部）与“何 *gal”（歌部）在语义上属于一类，但与“何 *gal”相比，“胡 *ga”在句法上受到一定的限制，这是“何 *gal”在历时演变中逐步取代“胡 *ga”的结果。

与传统观点不同，本章认为，“胡 *ga”在句法上所受到的限制之所以比“何 *gal”更多，是韵素音步对“胡 *ga”制约的结果。在韵律上，疑问词“胡 *ga”与“何 *gal”是一个词的不同形式：双韵素“何 *gal”为标准式，单韵素“胡 *ga”是在特定语音环境下出现的“何 *gal”的弱化式。在上古汉语中，单音节疑问词“胡 *ga”与“何 *gal”均受制于韵素音步。它们自身音节中韵素的数量决定了整个音节在韵律上的轻与重。“胡”的上古音构拟为 /*ga/，“何”的上古音构拟为 /*gal/。“胡 *ga”比“何 *gal”少一个韵素 /-l/，导致“胡 *ga”比“何 *gal”在韵律上轻。因此，韵素少的“胡 *ga”比韵素多的“何 *gal”在句法上受到更多的限制。下面分别论述。

第二节 “胡 *ga、何 *gal”的句法与语义

“何 *gal”（歌部）是上古汉语中常见的疑问词，可以出现在

主语、宾语、定语和外状语位置。从《诗经》开始，“何 *gal”在文献中大量出现（周法高，1959：166）。“胡 *ga”也是先秦时代常见的疑问词，出现在定语、外状语和宾语位置。周法高（1959：199）指出，“胡 *ga”（鱼部）从《诗经》开始出现。但上古汉语中的齐鲁方言不用“胡 *ga”做疑问词，因此在《论语》和《孟子》中没有疑问词“胡 *ga”的用例。

上古汉语中“胡 *ga”的应用范围比“何 *gal”窄得多。首先，“何 *gal”不仅可以充当宾语、定语和外状语，还可以做主语；“胡 *ga”虽然可以出现在宾语、定语和外状语的位置，但是不能做主语。其次，在宾语位置上的“何 *gal”搭配的动词既可出现在句中，也能出现在句末；“胡 *ga”只能和动词“为、自”组合，而且 [胡 *ga+ 为 / 自] 只能出现在句中，不能出现在句末。最后，同样做外状语，“何 *gal”允许它统制（c-command）的成分进行 A-bar 移位，也允许语气助词“其”附着在“何 *gal”后，“何 *gal”还能统制“主之谓”结构；但是这三种句法操作“胡 *ga”都不允许。

为了清楚显示“胡 *ga”与“何 *gal”的句法结构，本章采用蔡维天对汉语疑问词的句法结构的分析。蔡维天（2000、2007）及 Tsai（2013）立足 Rizzi（1997）、Cinque（1999）和 Belletti（2004、2005）的句法研究，通过“制图理论”（cartography theory）把汉语中的疑问词的句法结构清晰地描绘了出来。

接下来本节将逐一考察“胡 *ga”与“何 *gal”作为宾语、状语、主语和定语的句法结构及其对应的语义。

一、“胡 *ga、何 *gal” 做宾语

“胡 *ga、何 *gal” 都可以做动词的宾语。在充当宾语时，它们都出现在动词前，和动词之间不能插入其他成分。但是我们发现，在先秦时期 “何 *gal” 可以和不同的动词、介词组合，既可以出现在句中，也可以出现在句末；“胡 *ga” 只能和少数动词（“为、自”）组合，而且不能出现在句末。到了两汉时期，“胡 *ga” 也能和其他的动词搭配，[胡 + 动词] 的动宾组合也能出现在句末。

在上古汉语中，疑问词做宾语一定出现在动词和介词之前，即马建忠（1898：139）所说的 “询问代字凡在宾次，必先其所宾，其不先者仅矣。此不易之例也”。而且疑问词 “紧置于动词或介词之前”（洪成玉、廖祖桂，1980），不能和动词（或介词）拆开。从形式语言学上来看，Feng（1995）、冯胜利（2013a：286）指出，“疑问代词宾语一定要在动词直接支配的范域之内”。疑问词作为附着成分，附着在动词上，和动词占据同一个句法节点。疑问词宾语的这种附着操作是由韵律促发的句法移位操作的结果。

[疑问词 + 动词] 是疑问词宾语经过两次句法移位的结果。在疑问句中，疑问词承担了全句的疑问焦点（徐杰、李英哲，1993）。疑问代词通过句法移位，实现焦点功能（Feng，1995）。例如（引自冯胜利，2013a：304）：

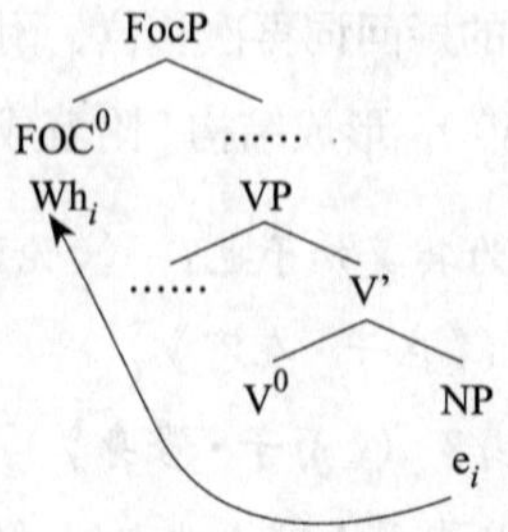

图 2–1　疑问词宾语移位至焦点

FOC^0 是焦点短语（focus phrase）的核心（head）。这里疑问词从动词的宾语 NP 进行“主题化的焦点移位”，移到焦点短语的核心，实现疑问焦点的功能（Feng，1995；冯胜利，2013a）。

结构 [疑问词 + 动词] 中的疑问词和动词都是单音节。先秦时期，汉语已经是主谓宾（SVO）型语言。它的核心重音由句末最后一个短语中最右侧的成分承担（Liberman & Prince，1977）。Feng（1995）指出，如果单音节动词在句末出现，它必须和其他单音节成分组成双音节音步，承担核心重音。在双音节音步的韵律要求下，韵律上的弱读成分——疑问词宾语作为附加成分附着到动词上，和动词组成双音节音步。例如：

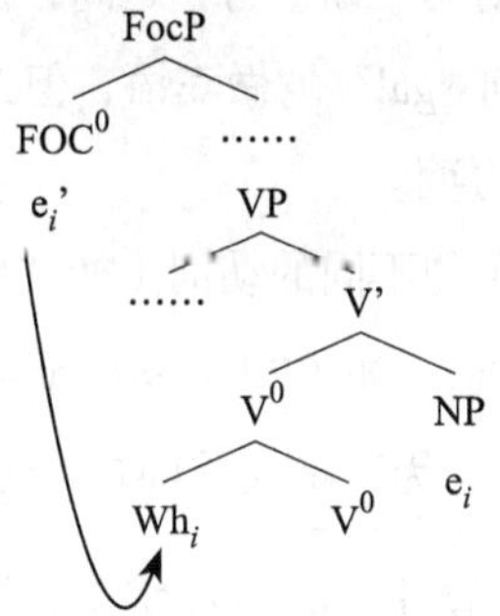

图 2–2　疑问词宾语附着到动词上

已移至焦点（FOC^0）的疑问词再次移位，附着到动词上，和动词共同占据动词核心（V^0），形成结构 [附着成分 + 动词]。

（1）子贡曰："何为其莫知子也？"（《论语·宪问》）

（2）朕又何知！（《庄子·在宥》）

（3）无礼何以正身？（《荀子·修身》）

（4）此胡自生？此自恶人贼人生与？（《墨子·兼爱下》）

（5）胡为至今不朝也？（《战国策·齐策四》）

这里作为宾语的疑问词"胡 *ga、何 *gal"均位于动词前。在句法上，首先它们移到动词短语之上的焦点短语（FocP）里；其次作为附着成分附着到动词（V^0，如"知、自、为"）上，与动词共同占据一个句法节点（V^0）。疑问词"胡 *ga、何 *gal"通过附着操作与动词占据一个句法节点，所以其他句法成分不能再插入"胡 *ga、何 *gal"与动词之间。

（6）a. 朕又何（* 果 /* 之）知？

b. 胡（* 果 /* 之）为至今不朝也？

（6）中无论是副词"果"还是语气助词"之"插入疑问词"胡*ga、何*gal"与动词"知、为"之间，都导致整个结构非法。

虽然"胡 *ga、何 *gal"均做宾语，但二者存在较大的差别，具体体现在以下两个方面。

首先,"何*gal"可与不同的动词（如"忧、惧、好、修"等）组成结构[何*gal +动词]，如（7）~（9）所示；但先秦文献中"胡 *ga"只能和动词"自、为"组成结构 [胡 *ga + 自 / 为][1]，如（4）

① 有人提出《管子·侈靡篇》中"胡得而治动"的"胡"也是动词的宾语。根据黎翔凤（2004：744-745）的考证，这里的"胡"不是动词"得"的宾语，而是做状语，表示"怎么"。

（5）所示。

（7）内省不疚，夫何忧何惧？（《论语·颜渊》）

（8）吾独何好焉？（《左传·昭公十五年》）

（9）吾何修而可以比于先王观也？（《孟子·梁惠王下》）

其次，与“何 *gal”搭配的动词既可出现在句中，也可出现在句末。

（10）何为其莫知子也？（《论语·宪问》）

（11）有是三者，何乡而不济？（《左传·昭公四年》）

（12）在我而已，大国何为？（《左传·桓公六年》）

（13）我退而楚还，我将何求？（《左传·僖公二十八年》）

（10）和（11）中，与“何 *gal”搭配的动词“为、乡”均出现于句中。而（12）和（13）中，与“何 *gal”搭配的动词“为、求”均出现在句末。尤其是（10）和（12）明确显示出，[何 *gal + 为] 既可以出现在句中也可以出现句末，二例都合法。与之相对，与“胡 *ga”搭配的动词“为”只能出现在句中，不能出现在句末。如表 2–1 所示：

表 2–1　[胡 *ga + 为] 的句法分布

文献	在句中	在句末
《庄子》	1	0
《荀子》	2	0
《吕氏春秋》	4	0
《战国策》	2	0
《晏子春秋》	1	0
《战国纵横家书》	1	0
《十六经》	1	0
《五十二病方》	1	0
《六韬》	1	0
总计	14	0

我们一共考察了22部先秦典籍[①]，其中9部出现结构[胡 *ga + 为]。表2–1显示，在这9部著作中，[胡 *ga + 为]从未在句末出现，只出现在句中。

（14）或使莫为，在物一曲，夫**胡为**于大方？（《庄子·则阳》）

（15）其仆曰："君**胡为**轼？"（《吕氏春秋·期贤》）

（16）曰："客**胡为**若此？寡人直与客论耳！"

（《战国策·齐策四》）

在（14）～（16）中，结构[胡 *ga + 为]可以出现在动词及名词短语（如"轼、若此"）或介词短语（如"于大方"）前，一定不能出现在全句句末。

（17）* 夫于大方**胡为**？

（18）* 君轼**胡为**？

（19）* 客若此**胡为**？

结构[胡 *ga + 自]更罕见，仅在《墨子》中出现两次，同样均出现在句中，从未出现在句末。

① 本书传世语料的选取采纳魏培泉（1999）对先秦语料的划分原则。魏培泉（1999）把先秦典籍分为3组，第一组有10部文献，包括《论语》《孟子》《韩非子》《墨子》《庄子》《荀子》《左传》《国语》《战国策》《吕氏春秋》。它们的时代都很确定，属于先秦核心典籍。第二组有8部文献，包括《周易》《老子》《管子》《商君书》《晏子春秋》《仪礼》《周礼》《孙子》，它们的语言基本和第一组大致相当。这两组是本书讨论先秦语法时主要的文献依据。第三组有两部，《尚书》和《诗经》。这两部反映的主要是商代和西周时期语言的语法，而且《诗经》是诗歌，并非一般的散文、口语文献，所以这两部著作我们这里没有考虑。对[胡 + 为]，我们另外还考察了4部收入汉达文库的出土文献，包括《战国纵横家书》《十六经》《五十二病方》和《六韬》。

（20）a. 此**胡自**生？此自恶人贼人生与？（《墨子·兼爱下》）

b. * 此生**胡自**？

（21）a. 此**胡自**生？此自爱人利人生与？（《墨子·兼爱下》）

b. * 此生**胡自**？

与先秦不同，到了汉代，“胡 *ga”做宾语时不仅能和“为”以外的其他动词组合，而且能在句末出现。

（22）楹之铭曰：“毋曰**胡残**，其祸将然；毋曰**胡害**，其祸将大；毋曰**胡伤**，其祸将长。”

（《大戴礼记·武王践阼》）

（23）呜呼！弗虑**胡获**？弗为**胡成**？

（《尚书·伪古文太甲下》）

（24）至朝时，惠帝让参曰：“与窋**胡治**乎？乃者我使谏君也。”（《史记·曹相国世家》）

由（22）～（24）可见，“胡 *ga”不仅可以和其他动词（如“残、害、伤、获、成、治”）连用，组成结构 [胡 *ga + 动词]，而且结构 [胡 *ga + 动词] 可以出现在句末。

综上所述，在上古汉语中，疑问词“胡 *ga、何 *gal”充当动词宾语时存在对立分布。“何*gal”可以自由地与不同动词组合，且与“何 *gal”搭配的动词既可出现在句中，也可出现在句末；但“胡 *ga”只能和动词“为、自”组合，而且动宾组合 [胡 *ga +为/自]只能出现在句中，不能出现在句末。然而，到了汉代，“胡 *ga”与“何 *gal”的对立分布消失。“胡 *ga”与“何 *gal”一样，不仅可以和其他动词搭配组成结构 [胡 *ga + 动词]，而且结构 [胡

*ga + 动词] 可以合法地出现在全句句末。

二、“胡 *ga、何 *gal” 做外状语

疑问词 “胡 *ga、何 *gal” 均能在疑问句中做状语来询问原因和目的。但我们发现，第一，疑问词 “何 *gal” 允许语气助词 “其” 附着在 “何 *gal” 上，但 “胡 *ga” 禁止这种附着操作。第二，移问词 “何 *gal” 能统制 “主之谓” 结构，表达感叹；但疑问词 “胡 *ga” 不能统制 “主之谓” 结构。第三，疑问词 “何 *gal” 允准其统制的短语 XP 进行句法移位（A-bar Movement）操作，形成表层结构 [XP+ 何 *gal + 句末语气词]；但疑问词 “胡 *ga” 禁止它统制的句法成分移位，不能形成表层结构 [XP + 胡 *ga + 句末语气词]。

根据 Belletti（2004、2005），Tsai（2008、2013），Huang，Li & Li（2009）对英语、德语和现代汉语中疑问副词的研究，我们把询问原因的疑问词称为外状语，用来修饰全句。上古汉语中疑问词 “胡 *ga、何 *gal” 均可做外状语来询问原因（王力，1944；周法高，1959；杨伯峻、何乐士，1992；贝罗贝、吴福祥，2000）。“古代对于原因的询问，虽系用 ‘何以、何故’ 等，但在汉代以前则以借用 ‘何、奚、胡’ 等字为常。”（王力，1944：66）

不同于现代汉语中的 “怎么、为什么” 出现在标句词层面（complimentizer phrase），根据魏培泉（1999）的研究，上古汉语中 “胡 *ga、何 *gal” 位于主语之后，即位于屈折短语（IP）的层面。

（25）左师曰:“谁为君夫人？**余胡**弗知？”

（《左传·襄公二十六年》）

（26）**彼**且**何**肯以物为事乎！（《庄子·德充符》）

（27）**王何**必曰利？（《孟子·梁惠王上》）

这里“胡 *ga”和“何 *gal”均在主语“余、彼、王”之后。在上古汉语中，“胡 *ga”和“何 *gal”一定不能出现在主语之前。

（28）* 左师曰:“谁为君夫人？**胡余**弗知？”

（29）* **何彼**且肯以物为事乎？

（30）* **何王**必曰利？

因此，疑问副词“胡 *ga、何 *gal”与主语的位置关系如下：

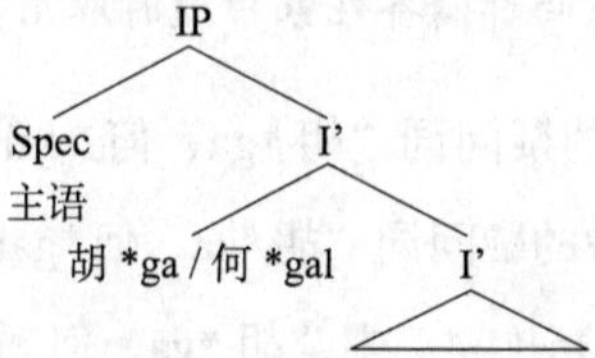

图 2–3 “胡 *ga、何 *gal”与主语的位置关系

在句法上，询问原因的“胡 *ga、何 *gal”均在否定词“弗、不”等之前。

（31）左师曰:“谁为君夫人？余**胡弗**知？”

（《左传·襄公二十六年》）

a. 是什么因素造成我不知道她？

b. #[1] 我用什么方式不知道她？

---

① # 表示句子本身合法，但提供的解释并不符合全句的语义。

（32）左右曰："命可长也，君何弗为？"（《左传·文公十三年》）

a. 是什么因素造成您不做这件事？

b. # 您用什么方式不做这件事？

（33）子墨子曰："胡不见我于王？"（《墨子·公输》）

a. 是什么因素造成你不让我见楚王？

b. # 您用什么方式不让我见楚王？

（34）且许子何不为陶冶，舍皆取诸其宫中而用之？

（《孟子·滕文公上》）

a. 是什么因素造成许子不亲自烧窑冶铁，做成各种器械，什么东西都储备在家中随时取用？

b. # 许子用什么方式不亲自烧窑冶铁，做成各种器械，什么东西都储备在家中随时取用？

（31）（32）中的疑问词"胡 *ga、何 *gal"均在否定词"弗"之前，（33）（34）中的疑问词"胡 *ga、何 *gal"均在否定词"不"之前，而且在（31）～（34）中，"胡 *ga、何 *gal"只能询问原因，不能询问方式和情状。若它们出现在否定词"弗、不"之后，整个句子不成立。

（35）* 余弗胡知？

（36）* 君弗何为？

（37）* 不胡见我于王？

（38）* 且许子不何为陶冶？

由（35）～（38）可知，无论是"胡 *ga"还是"何 *gal"，它们询问原因时都不能出现在否定词"弗、不"之后。这说明在句法上"胡 *ga"与"何 *gal"均高于否定词。"胡 *ga、何 *gal"与否定词的句法关系为：

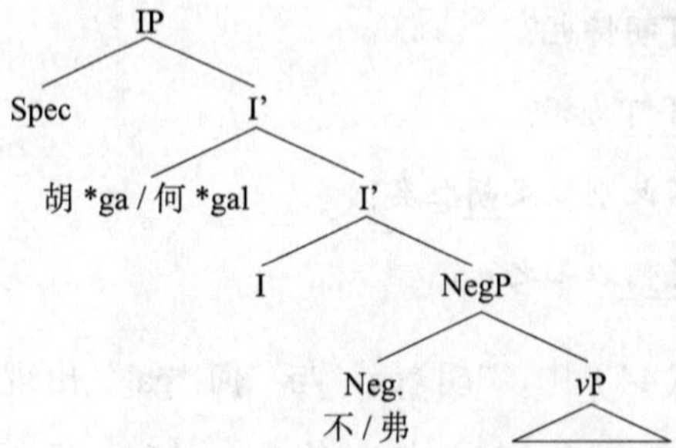

图 2–4　"胡 *ga、何 *gal"与否定词的句法关系

否定词占据否定短语（negative phrase）的核心（Neg，NegP），它统制轻动词短语。外状语"胡 *ga、何 *gal"位于小句层面的附加语位置，在否定词之前统制否定短语。

询问原因时，疑问词"胡 *ga"与"何 *gal"出现在情态助动词（modal auxiliary，如"可、足"）之前。

（39）龙凉冬杀，金寒玦离；胡可恃也？虽欲勉之，狄可尽乎？（《左传·闵公二年》）

（40）夫天机之所动，何可易邪？吾安用足哉！（《庄子·秋水》）

（41）若此则敌胡足胜矣？故曰其令强者其敌弱，其令信者其敌诎。（《吕氏春秋·论威》）

（42）君之所问，圣君之问也。丘，小人也，何足以知之？（《荀子·哀公》）

在（39）（40）中，疑问副词"胡 *ga"与"何 *gal"出现在助动词"可"之前。在（41）（42）中，"胡 *ga"与"何 *gal"

出现在助动词“足”之前，统制助动词。它们不能出现在助动词之后。

（43）***可胡**恃也？

（44）***可何**易邪？

（45）*若此则敌**足胡**胜矣？

（46）***足何**以知之？

在（43）（44）中，“胡 *ga”与“何 *gal”出现在了助动词“可”后面。在（45）（46）中，“胡 *ga、何 *gal”出现在助动词“足”后面。这些结构都不能成立，说明“胡 *ga、何 *gal”在助动词“可、足”之前。“胡 *ga、何 *gal”与助动词的句法关系如图 2–5 所示：

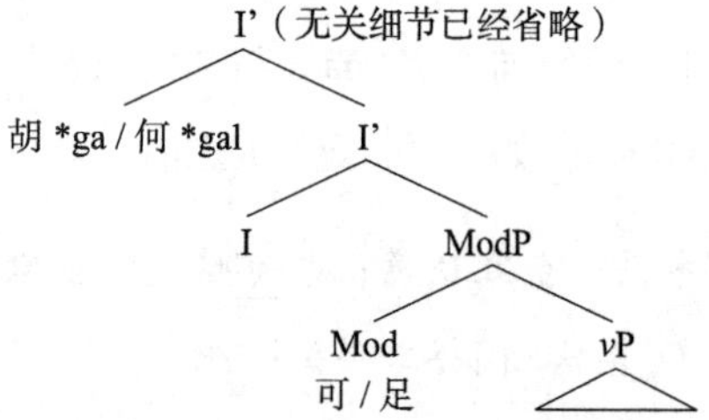

图 2–5 “胡 *ga、何 *gal”与助动词的句法关系

助动词占据情态短语的核心位置（Mod，ModP）。外状语“胡*ga、何*gal”出现在小句层面的附接语位置，在助动词“可、足”之前，询问原因。

位于助动词之前的疑问外状语“胡 *ga、何 *gal”在语义上只能用来询问原因，不能询问方式和情状。

（47）王曰："舍之！吾不忍其觳觫，若无罪而就死地。"

对曰："然则废衅钟与？"

曰："何可废也？以羊易之！"（《孟子·梁惠王上》）

a. 是什么因素造成我们可以废除衅钟这个仪式？用只羊来代替牛。

b. # 我们可以用什么方式废除衅钟这个仪式？用只羊来代替牛。

（48）先王之法，经乎上世而来者也，人或益之，人或损之，胡可得而法？（《吕氏春秋·察今》）

a. 是什么因素造成我们可以得到先王的法则并且效法它？

b. # 我们可以用什么方式得到先王的法则并且效法它？

这里"胡 *ga、何 *gal"只能用来询问原因，如"是什么因素造成的"，不能用来询问方式方法，如"用什么方式"。

此外，"胡 *ga、何 *gal"均受相同的主谓语类型的限制。蔡维天（2000）、Tsai（1999、2008）指出，动词组层次的状语必须与带有主体意识（agentivity）的主语共现。"主体意识"的主语是指主语的论元角色必须为施事论元（agent）。若"胡 *ga、何 *gal"表示方式、情状，那么它们的主语论元角色必须是施事论元。如果"胡 *ga、何 *gal"是只能出现在大句子层面（CP）的疑问状语，用来询问原因，那么它们的主语并非动词的施事论元，不是动作的发出者。

心理动词（如"知、畏、患"）的主语的论元角色是经验者（experiencer），和它们搭配的"胡*ga、何*gal"都用来询问原因，而非方式、情状。

（49）左师曰："谁为君夫人？余胡弗知？"

（《左传·襄公二十六年》）

a. # 我是通过什么方式不知道？

b. 是什么原因导致我不知道？

（50）苟行王政，四海之内皆举首而望之，欲以为君；齐楚虽大，何畏焉？（《孟子·滕文公下》）

a. # 大王是通过什么方式害怕齐国和楚国？

b. 是什么原因造成大王害怕齐国和楚国？

（51）二三子何患于丧乎？天下之无道也久矣，天将以夫子为木铎。(《论语·八佾》)

a. # 你们是通过什么方式担心没有官位呢？

b. 是什么原因造成你们担心没有官位呢？

如果"胡 *ga、何 *gal"询问情状或方式，那么主语"余、王、二三子"的论元角色都必须是施事者。但是这三个主语都不是动作的发出者，因此这里的"胡、何"询问的是原因而非情状、方式。

与心理动词类似，静态谓语如"然、肥"的主语论元角色都是受事（theme），不是施事。因此出现在句中的"胡 *ga、何 *gal"都是询问原因，而非方式、情状。

（52）"子盍亦授甲，无宇请从。"

子旗曰："子胡然？彼，孺子也。"(《左传·昭公八年》)

a. # 你通过什么方式这个样子？

b. 是什么原因导致你这个样子？

（53）公宴于五梧，武伯为祝，恶郭重，曰：“何肥也？”

季孙曰：“请饮彘也！”（《左传·哀公二十五年》）

a. # 你通过什么方式这么胖？

b. 什么原因造成你这么胖？

如果“胡 *ga、何 *gal”询问情状或方式，那么（52）和（53）的主语必须是动作的发出者，而这两句的主语都不是动作的发出者。以“何肥也”为例，静态谓语“肥”要求主语只能是受事论元，省略的主语“你”不是动作的发出者，因此和“肥”搭配的“何”只能用来询问原因，不能询问方式和情状。

由此可知，当疑问副词“胡 *ga、何 *gal”做全句的外状语询问原因时，它们都位于小句（IP）层面的附加语位置，在动词短语之前统制轻动词短语。

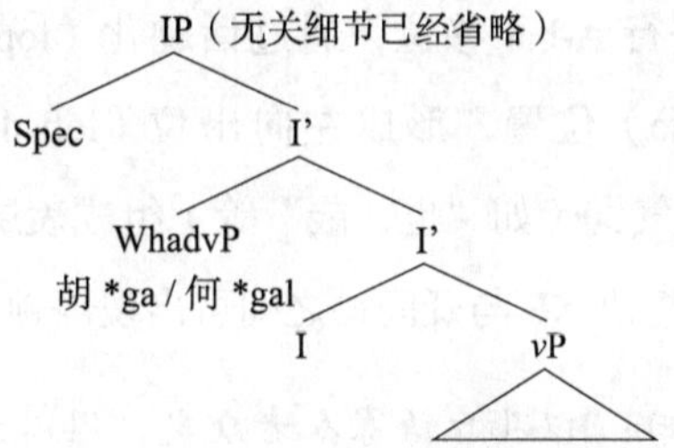

图 2–6　“胡 *ga、何 *gal”与轻动词短语的句法关系

同样作为外状语，疑问词“胡 *ga”允许的句法操作与“何 *gal”允准的句法操作相比，大大受限。我们发现：①“何 *gal”允许语气助词“其”附着于“何 *gal”之后，但“胡 *ga”禁止“其”出现在它后面。②“何*gal”允准它统制的句法成分XP进行A-bar移位，形成结构 [XP+ 何 *gal + 句末语气词]，但“胡 *ga”禁止。③ 疑问词统制“主之谓”结构表达感叹的语用效果，要求疑问词在韵律上凸显。“何 *gal”可以统制“主之谓”结构，但“胡 *ga”不能。

贝罗贝、吴福祥（2000）发现，先秦时期“胡 *ga”仅“充当状语”，而“何 *gal”除了“充当状语”，还有三种用法：独立成句（分句），用作句子的谓语，用在主语之前。我们认为，前两种用法都是疑问词“统制”的句法成分 XP 进行 A-bar 移位的结果，如（54），区别在于移位后的成分 XP 与疑问词之间是否存在停顿。

（54）a. $[_{CP}$ $[_{IP}$ Subj. $[_{TopP}$ XP$_i$ ⋯$[_{I'}$ 胡 *ga / 何 *gal ⋯e$_i$ ⋯]]]SFP]

b. 女$_j$何[pro$_j$独不欲]邪？—>女$_j$ [pro$_j$独不欲]$_i$ **何**e$_i$**邪**？

（《庄子·天地》）

短语 XP 进行 A-bar 移位，通过话题化（topicalization），移到了话题（topic）位置，形成左向出位（left dislocation）。“何 *gal”与句末语气词（如“也、哉”等）组成表层结构 [何 *gal+ 句末语气词]。短语 XP 与疑问词之间可出现停顿，如：

（55）景公曰：“以孔丘语寡人者众矣，俱以为贤人也。今寡人问之，而子不对，**何也**？”

晏子对曰：“婴不肖，不足以知贤人。”（《墨子·非儒下》）

（56）一乡皆称原人焉，无所往而不为原人，孔子以为德之贼，**何哉**？（《孟子·尽心下》）

在短语 XP 移位后，“何 *gal”与语气词（如“也、哉”）组成 [何 *gal + 句末语气词]，出现在句末。移位前“何 *gal”统制的句法成分（如“孔子以为德之贼”）经过句法移位，移到了外状语“何 *gal”之前，且与“何 *gal”之间存在停顿。

另一方面，移位后的短语 XP 与疑问词之间也可无停顿，如：

（57）相人敌国而相贤，其不可何也？（《韩非子·内储说下》）

（58）吾见亦罕矣，吾退而寒之者至矣，吾如有萌焉何哉？（《孟子·告子上》）

（59）“先生不肯视，行不辍，何邪？”（《庄子·人间世》）

这里“何 *gal”统制的成分如“吾如有萌焉”，经过句法移位移到了外状语“何 *gal”之前的话题位置，且它们与“何 *gal”之间没有停顿。

但无论 [疑问词 + 句末语气词] 与前移的句法成分之间是否存在停顿，若疑问词由“何 *gal”变为“胡 *ga”，疑问词统制的成分均不能进行 A-bar 移位。在先秦文献中没有 [胡 *ga + 句末语气词] 的用例，该结构是非法的。

（60）* 今寡人问之，而子不对，胡也？

（61）* 孔子以为德之贼，胡哉？

和（55）（56）不同，这里的“何 *gal”都换成了“胡 *ga”。疑问词仍出现在句末，且和前移成分间存在停顿，但原来合法的结构现在都变为非法结构。

同样的句法结构上的对立也出现在 XP 和疑问词之间无停顿的结构中：

（62）* 其不可胡也？

（63）* 吾如有萌焉胡哉？

（64）* 先生不肯视，行不辍，胡邪？

（57）～（59）中的“何 *gal”都不能换为“胡 *ga”。虽然疑问词仍出现在句末，且直接和前移成分相邻，但结构都是非法的。

要把这些非法结构变为合法结构，有两种途径。第一种途径是使“胡 *ga”统制的句法成分取消 A-bar 移位操作，那么（60）～（64）中的非法结构又都合法了。

（65）尨凉冬杀，金寒玦离；**胡**可恃**也**？（《左传·闵公二年》）

（66）物物而不物于物，则**胡**可得而累**邪**！（《庄子·山木》）

以上两例中“胡 *ga”统制的句法成分，如（65）中的“可恃”没有进行 A-bar 移位，仍然留在原位，整个结构被语法规则所允准。

第二种途径是用双音节的疑问词组（如“何故”）取代（60）～（64）中的疑问词“胡 *ga”，那么疑问词统制的句法成分仍可进行 A-bar 移位，且移位后的结构也被语法规则所允准。“（‘何故’）可以居于句末，‘胡’字却只能在句首或句中，而不能在句末。”（丁声树，1948：362）

（67）昔者吾有刺于子，今吾心正郄矣，**何故**也？

（《庄子·天道》）

（68）我已亡矣，而不知其故。吾所以亡者，果**何故**哉？我当已。（《吕氏春秋·审己》）

这里“胡 *ga”已替换为“何故”，因此疑问词统制的句法成分（如“昔者吾有刺于子，今吾心正郄矣”）又可以进行 A-bar 移位，结构“昔者吾有刺于子，今吾心正郄矣，何故也”也被语法规则允准。

贝罗贝、吴福祥（2000）提到的另一个“何 *gal”允准而“胡 *ga”禁止的句法操作是疑问副词“用在主语之前”。这种句法结构，实际是“何 *gal”统制“主之谓”结构（gerundive phrase，简称 GP）①。

（69）a. [$_{IP}$ 胡 *ga / 何 *gal …GP…(SFP)]

b. [$_{IP}$ 何 [$_{GP}$ 德之衰]]（《论语·微子》）

（70）孔子游于匡，宋人围之数匝，而弦歌不惙。

子路入见，曰：“何夫子之娱也？”

孔子曰：“来！吾语女。”（《庄子·秋水》）

（71）凤兮凤兮！何德之衰？（《论语·微子》）

（70）（71）中“何 *gal”统制的句法成分均为“主之谓”结构，如“夫子之娱、德之衰”。这种结构在语用上表达感叹。“实是借用疑问语气表感叹。……文言用‘何’，下面多利用‘之’或‘其’造成组合式词结。”（吕叔湘，1941：291）

但我们发现“胡 *ga”不能统制“主之谓”结构，不能表达感叹的语用效果。

（72）* 胡夫子之娱也？

（73）* 胡德之衰？

用“胡 *ga”替代“何 *gal”，即“胡 *ga”统制“主之谓”结构时，整个结构由合法变为非法，不被语法规则允准。在先秦

① 关于古汉语中“主之谓”的句法结构，学界有很多讨论。“主之谓”结构已经超出了本书讨论的范围，本书在这里采纳陈远秀（2013）对“主之谓”结构的讨论和分析。

文献中无“胡 *ga”统制“主之谓”结构的用例。

此外，如吕叔湘（1941）所述，表达感叹不仅可使用“主之谓”结构，还可使用语气助词“其”。“何 *gal”允许语气助词“其”附着在“何 *gal”后，表达感叹和强调。“其”作为附加成分附着在疑问词上，和疑问词共同占据一个句法位置。

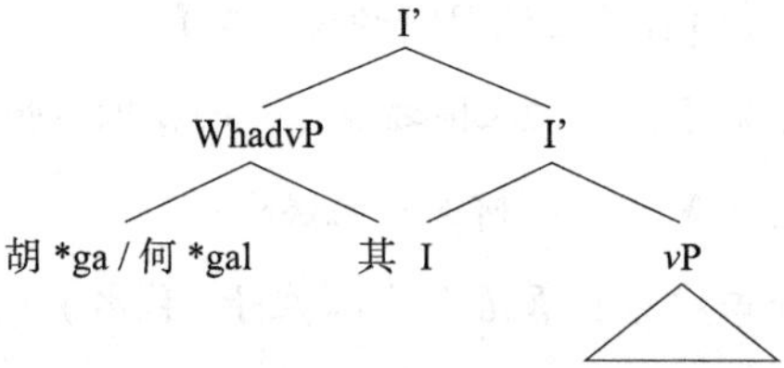

图 2–7 “其”附着在“胡 *ga、何 *gal”后

“其”附着在“何 *gal”上，与“何 *gal”共同占据附加语位置。这样的 [疑问词 + 其] 组合在先秦文献中有不少：

（74）意仁义其非人情乎！彼仁人**何其**多忧也？

（《庄子·骈拇》）

（75）悲夫！士**何其**易得而难用也！（《战国策·齐策四》）

（76）南郭惠子问于子贡曰：“夫子之门，**何其**杂也？”

子贡曰：“君子正身以俟，欲来者不距，欲去者不止。”

（《荀子·法行》）

这里“其”都附着在“何 *gal”上。如果用单韵素疑问词“胡 *ga”替代双韵素疑问词“何 *gal”，那么结构就由合法变为非法。例如：

（77）* 彼仁人**胡其**多忧也？

（78）* 士胡其易得而难用也！

（79）* 夫子之门，胡其杂也？

“胡 *ga”禁止“其”附着在它之后。但如果用疑问词组“胡为”取代“胡 *ga”，那么不能出现的附着操作又可以出现了。

（80）子张问曰：“《书》云：‘高宗三年不言，言乃欢。’有诸？”仲尼曰：“胡为其不然也？古者天子崩，王世子听于冢宰三年。”（《礼记·檀弓下》）

（81）巧匠辅绳而斫，胡为其弃法也？（《大戴礼记·四代》）

（82）则亦或迟或速，或先或后，胡为乎其不可以同至也？（《荀子·修身》）

疑问词组“胡为”替代“胡 *ga”，语气助词“其”的附着操作又允准了。由此可见，在先秦汉语中，“胡 *ga、何 *gal”均可做状语询问原因，出现在动词短语之前。同时“胡 *ga、何 *gal”在是否允准某些句法操作上又存在对立：①“何 *gal”允许语气助词“其”附着在“何 *gal”上，但“胡 *ga”禁止；②“何 *gal”统制“主之谓”结构表达感叹，但“胡 *ga”不能；③“何 *gal”允准统制的成分 XP 进行 A-bar 移位，形成 [XP + 何 *gal + 句末语气词] 的表层结构，但“胡 *ga”禁止这种移位操作。

三、“胡 *ga、何 *gal”做主语

在先秦汉语中，如果对比问句中的主语是对比焦点，“何 *gal”可做主语，但“胡 *ga”不能。虽然“何 *gal”可做全句

的主语，但“何 *gal”做主语的用例在先秦汉语中很少见。[①] 过去对先秦汉语“何 *gal”用法的研究，如杨树达（1928）、王力（1954）、周法高（1959）、Pulleyblank（1995），均未谈到“何 *gal”做主语的用法。在我们查阅的先秦汉语研究论著中，何乐士（1989）讨论了《左传》中做主语的“何 *gal”。在《左传》中，“何 *gal”做主语的情况只出现了 6 次，与之相对，“何 *gal”做宾语的情况有 118 例（何乐士，1989：244）。《左传》中“何 *gal”做主语的 6 次用例如下：

（83）景王问于苌弘曰：“今兹诸侯何实吉？何实凶？”
对曰：“蔡凶。”（《左传·昭公十一年》）

（84）公笑曰：“子近市，识贵贱乎？”
对曰：“既利之，敢不识乎？”
公曰：“何贵？何贱？”
于是景公繁于刑，有鬻踊者，故对曰：“踊贵，屦贱。”
（《左传·昭公三年》）

（85）封略之内，何非君土？食土之毛，谁非君臣？
（《左传·昭公七年》）

（86）小国为蘩，大国省穑而用之，其何实非命？
（《左传·昭公元年》）

① 在先秦文献中，动词短语 [谓 +NP] 前常以“何”为主语，例如“敢问何谓浩然之气？”（《孟子》）。根据我们的调查，这种情况只限于动词“谓”。为什么在其他动词前的“何”做主语只有有限的用例，而“谓”前“何”做主语的情况却经常出现？具体原因留待以后的研究。

这里“何 *gal”都做主语。（83）和（86）的主语“何 *gal”后还有语气助词“实”，（84）和（85）的主语“何 *gal”都出现在一组问句中，作为对比的成分。我们以（85）为例，来分析下它们的句法结构：

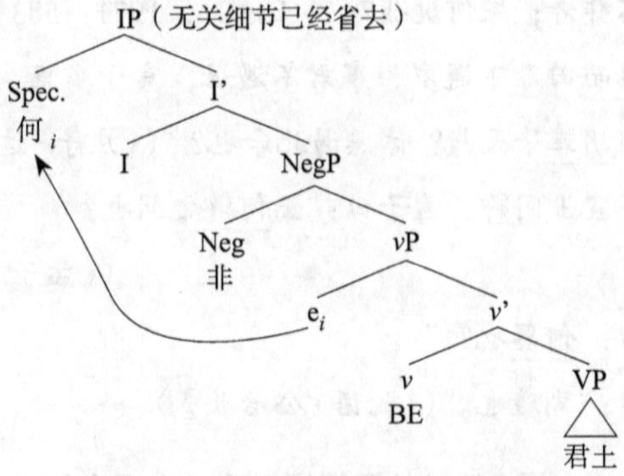

图 2–8　“何 *gal”做对比句主语

主语“何 *gal”从轻动词短语的指定语（Specifier，vP）移到小句层次（IP）的指定语（Specifier，IP）位置。且“何 *gal”做主语时，主要出现在对比问句中。在何乐士（1989）统计的“何 *gal”做主语的 6 次用例中，有 5 次都是充当对比疑问句的主语。

由此可见，“何 *gal”可以做对比疑问句的主语，在句法上占据小句层次的指定语位置。但“胡 *ga”在先秦汉语中不能在对比疑问句中做主语，先秦文献中没有“胡 *ga”做主语的用例。

四、“胡 *ga、何 *gal”做定语

在上古汉语中，“胡 *ga、何 *gal”都可以做定语，和名词组

成疑问词组 [疑问词 + 名词]。它们在句法上具有相同的结构。

（87）若天不爱民之厚，夫**胡说**人杀不辜而天予之不祥哉？

（《墨子·天志中》）

王念孙云："言若天非爱民之厚，则人杀不辜而天予之不祥者；果何说哉？"（王念孙，1971：583）

（88）然而田原不遇岁，事君不遇世，宾于乡里，逐于州部，则**胡罪**乎天哉？休恶遇此命也？（《庄子·达生》）

（89）齐宣王问卿。孟子曰："王**何卿**之问也？"

（《孟子·万章下》）

（90）曰："**何器**也？"

曰："瑚琏也。"（《论语·公冶长》）

[胡 *ga + 名词] 组成的疑问词组既可出现在句中，也可出现在句末。[何 *gal + 名词] 组成的疑问词组也具有相同的语法属性，可以出现在句中，如（89），也可以出现在句末，如（90）。

由此可见，充当定语的"胡 *ga"与"何 *gal"占据相同的句法位置，且"胡 *ga、何 *gal"具有同样的自由度。

以上我们所述"胡 *ga、何 *gal"的相关句法操作情况汇总如下：

表 2–2 "胡 *ga、何 *gal"相关句法操作

	句法操作	胡 *ga	何 *gal
"胡 *ga"与"何 *gal"的对立操作	1. [疑问词 + 动词] 出现在句末	×	√
	2. 疑问词统制的成分进行 A-bar 移位	×	√
	3. 语气助词"其"附着在疑问词上	×	√
	4. 疑问词统制"主之谓"结构表达感叹	×	√
	5. 疑问词做对比问句的主语	×	√

（续表）

	句法操作	胡 *ga	何 *gal
“胡 *ga”与“何 *gal”的相同操作	1. [疑问词 + 动词] 出现在句中	√	√
	2. [疑问词 + XP + (SFP)]，疑问词询问原因	√	√
	3. [疑问词 + 名词]	√	√
	4. [疑问词 + XP + (SFP)]，疑问词询问方式或情状	×	×

综上所述，在上古汉语中，“胡 *ga”在句法上的应用范围比“何 *gal”窄得多。首先，虽然“胡 *ga、何 *gal”都可以做宾语、定语和外状语，但是“何 *gal”可以做主语，“胡 *ga”不能做主语。其次，在宾语位置上的“何*gal”可与不同动词构成[何 *gal + 动词] 并出现在句末，但是“胡 *ga”只能和动词组合且绝对不能出现在句末。最后，同样做外状语，“何 *gal”统制的成分可以进行 A-bar 移位，语气助词“其”可附着在“何 *gal”后，“何 *gal”也能统制“主之谓”结构；但在“胡 *ga”出现的疑问句中不允许这三种句法操作。

第三节 以往研究

对上古汉语中“胡 *ga、何 *gal”的对立现象，过去的研究首先把“胡 *ga、何 *gal”视为两个独立的形式，认为它们对是否允准句法操作的对立是：① 不同方言的对立，如孔颖达；② 语义不同的对立，如丁声树、周法高等；③ 古今的对立，如魏培泉，贝罗贝、吴福祥；④ 句法结构的对立，如王力、吕叔湘等。我们认为以上这些解释都无法概括“胡 *ga、何 *gal”对立的全部事实。我们认为，“胡 *ga、何 *gal”在是否允准句法操作上的对立是韵律造成的，而非方言、语义、古今或句法结构的对立。

一、“胡 *ga、何 *gal”对立非方言差异

最早对“胡 *ga、何 *gal”的对立做出解释的是唐代的孔颖达。他认为“胡 *ga、何 *gal”来自不同的方言，它们在是否允准句法操作上的对立是方言的不同导致的。

（91）弗虑**胡获**？弗为**胡成**？（《尚书·伪古文太甲下》）

伪孔传：“胡，何。”孔颖达疏：“‘胡’之与‘何’，方言之异耳。”（李学勤等，1999：214）

按照孔颖达“方言之异”的解释，那么在使用上“胡 *ga”比“何*gal”更受限制，是因为使用“胡*ga”的方言比使用“何 *gal”的方言少。根据周法高（1959：116）的统计，有些方言中确实只用“何 *gal”而不用“胡 *ga”。例如周法高根据《论语》和《孟子》只用“何 *gal”不用“胡 *ga”的现象，推测在上古汉语中山东齐鲁一带的方言只用“何 *gal”，不用“胡 *ga”。

但是方言的差异在解释“胡 *ga”与“何 *gal”的对立时面临两大困难。

一是“胡 *ga、何 *gal”在同一种方言中仍然存在系统性的对立。我们讨论过“胡 *ga、何 *gal”之间的对立。不同的先秦方言区的著作都反映出同样的语法对立。这说明“胡 *ga、何

*gal”在语法上的对立不是由于不同的方言导致的。

二是在贝罗贝、吴福祥（2000）统计的 8 部先秦著作[①]中，“胡 *ga、何 *gal”分属不同的古方言区。除《论语》《孟子》和《老子》外，另外 5 部均有“胡 *ga”的用例，且这 5 部著作均有“胡 *ga、何 *gal”杂用的现象。在这 5 部著作中，“胡 *ga”共出现 35 次，说明各种方言均同时使用“胡 *ga、何 *gal”（古鲁方言与齐方言例外）。

由此可见，上古汉语中“胡 *ga、何 *gal”的单用与“胡 *ga、何 *gal”的混用是两回事。前者反映了方言的不同，后者的语法对立则是由方言之外的语法规则造成的，因此这一规则系统性地广泛存在于上古汉语的各种不同方言中。“胡 *ga、何 *gal”之间的对立并非方言差异造成的结果。

二、“胡 *ga、何 *gal”对立非语义不同所致

丁声树（1948）由《诗经》中的“何 *gal、胡 *ga”对立入手，对先秦两汉文献中的“何 *gal、胡 *ga”对立进行了细致的观察。他认为，“胡 *ga、何 *gal”的对立是二者语义不同导致的。“‘胡’字在《诗经》中绝大多数之例都是表‘何故’。‘何、曷’偶然也有这样用的，但很不多见。换言之，表‘何故’时，以用‘胡’为原则，用‘何、曷’为例外。”（丁声树，1948：360）“我很疑心‘胡’或者根本就是‘何故’二字的缩短。”（丁声树，1948：362）在丁声树看来，“胡 *ga”是“何故”的缩略式，语义上等于“何 + 故”，与“何 *gal”语义不同，因此二者在句法上有差别。

---

① 这 8 部著作是《左传》《荀子》《韩非子》《庄子》《墨子》《论语》《孟子》《老子》。

但这种解释遇到以下几个挑战。

第一，仅就《诗经》而论，丁声树提到，"《诗经》中只用'胡'，不用'何故'"。如果《诗经》中未出现"何故"，那么如何说明"胡 *ga"是"何故"的缩略式？丁声树（1948：362）同时发现其他上古汉语文献中"胡 *ga"与"何故"可以在同一本书中出现。由此，他提出"这大概是因为诗中有音节的关系，所以多用缩短式"，但这个解释对于《诗经》来说行不通。

（92）式微式微，胡不归？（《诗经·邶风·式微》）

（93）既见君子，云胡不喜？（《诗经·郑风·风雨》）

《诗经》中的《国风》与《小雅》以四言诗体为主。在（92）中，我们看到"胡不归"是三个音节，根据诗歌的音节要求，完全可以组成四音节的"何故不归"。（93）中的"云"用来填充音节，也可不加"云"组成"何故不喜"。可见不是诗体在音节上的要求导致"何故"与"胡 *ga"在《诗经》中的互补分布。进一步说，并不存在"胡 *ga"为"何故"的缩略式的关系。

第二，贝罗贝、吴福祥（2000）指出在上古汉语中，疑问词"胡 *ga"经常出现在组合 [胡 + 为] 中。但是"'何故为'，或'为何故'，成一词的，古书中简直没有"（丁声树，1948：362）。缩略式是在一定的语言条件下，由完整式演变而来的。如果存在缩略式，应有对应的完整式。但在上古汉语的文献中未见到"何故"与"为"的组合，这说明不存在"胡 *ga"为"何故"的缩略式的关系。

第三，在上古汉语中，当"何 *gal"也可以出现在状语位置，在语义上表示"为什么"来询问原因的时候，"胡 *ga、何 *gal"仍然存在句法对立。比如，同样询问原因，"何 *gal"允准语气助词"其"附着在它的后面，"何 *gal"禁止这种句法操作。也就是说，语义不是导致二者出现句法对立的原因。

综上所述，上古汉语中"胡 *ga"与"何 *gal"的语法对立并非语义不同导致的。二者在同一句法位置具有同样的语义，且在语义相同的时候仍然允准不同的句法操作。

三、"胡 *ga、何 *gal"对立无关历时演变

贝罗贝、吴福祥（2000）统计了 12 部上古汉语的文献，从上古汉语前期的《尚书》《诗经》到上古汉语晚期的《史记》《论衡》，还包括前文提到的 8 部上古汉语中期著作。他们根据统计的结果，提出"胡 *ga、何 *gal"的句法对立是语言历时演变的结果——"何 *gal"在使用频率上逐渐取代"胡 *ga"，占据"胡 *ga"的位置。他们对"胡 *ga、何 *gal"[①] 的统计结果如下：

表 2–3 "胡 *ga、何 *gal"在上古汉语中的出现频次

时期[②]	胡 *ga	何 *gal
上古汉语前期	60	138
上古汉语中期	35	1352
上古汉语后期	10	1539

① 贝罗贝、吴福祥（2000）的文章中还列出了疑问词组如"如何、何以"等，这里我们只把贝罗贝、吴福祥（2000）给出的统计数据中的单音节词"胡 *ga、何 *gal"的出现比例进行了归纳。

② 根据贝罗贝的分期，这里上古汉语前期考察的著作是《尚书》和《诗经》；上古汉语中期相当于春秋战国；上古汉语后期相当于两汉，考察的著作是《史记》和《论衡》。

"胡 *ga、何 *gal"用例之比在上古汉语前期为 1:2.3，到了春秋战国时代变为 1:38.6，到两汉时代变为 1:153.9。从历时发展的角度来看，"胡 *ga"的使用频度确实越来越低，以至于到了东汉，学者需要特地在注中注出"胡，何也"。

（94）胡射夫河伯，而妻彼雒嫔？（《楚辞·天问》）

王逸注："胡，何也。"

（95）人主其胡可以无务行德爱人乎？（《吕氏春秋·爱士》）

高诱注："胡，何也。"

王逸和高诱都特别注明"胡 *ga、何 *gal"同义，反映出当时人们已经不使用"胡 *ga"，对"胡 *ga"的语义和用法已经不了解了。

如果"胡 *ga、何 *gal"的对立确实是"何 *gal"逐步取代"胡 *ga"的结果，那么在"胡 *ga、何 *gal"互通的先秦汉语中，"胡 *ga、何 *gal"的不同只是二者在使用频次上的差别。因为"何 *gal"仅仅取代"胡 *ga"出现在同样的句法位置，所以"何 *gal"允准的句法操作一定是"胡 *ga"也允准的。但根据上节所述，有些"何 *gal"允准的句法操作在"胡 *ga"出现的问句中是非法的结构。

表 2–4 "胡 *ga、何 *gal"的句法对立

句法操作	胡 *ga	何 *gal
1. [疑问词 + 动词] 出现在句末	×	√
2. 疑问词统制的成分进行 A-bar 移位	×	√
3. 语气助词"其"附着在疑问词上	×	√
4. 疑问词统制"主之谓"结构表达感叹	×	√
5. 疑问词做主语	×	√

这里我们列举的五种句法操作都是“何 *gal”允准而“胡 *ga”禁止的。例如，“何 *gal”允准它统制的句法成分进行 A-bar 移位，但“胡 *ga”禁止这种句法操作。

（96）a. 今寡人问之，而子不对，何也？（《墨子·非儒下》）

b.* 今寡人问之，而子不对，胡也？

这里“胡 *ga”统制的“子不对”移到了全句的话题位置，导致 [胡 *ga + 语气词] 出现在句末。这样的结构在先秦汉语中是非法的，不被规则允准。

由此可见，在历时发展上，“胡 *ga”与“何 *gal”使用频次的高低变化并不能解释“胡 *ga”与“何 *gal”之间的语法对立。

四、“胡 *ga、何 *gal”对立非句法所致

传统的研究一般把“胡 *ga、何 *gal”视为两个独立的疑问词。它们的声母都属于上古匣纽（*g-），在语义上指物①，只是在用法上“胡 *ga”比“何 *gal”更窄。“‘胡’的应用范围比‘何’字窄得多。”（王力，1980：336）如果是这样的话，那么如表 2–4 所示，“胡 *ga、何 *gal”在是否允准句法操作上的对立，反映了“胡 *ga、何 *gal”具有不同的句法性质和地位，也就是说“胡 *ga、何 *gal”的句法位置不同。

但如上文所述，“胡 *ga、何 *gal”都能充当句子的宾语、外状语和定语。当“何 *gal”已经出现时，“胡 *ga”不能在与其相

① 王力（1954：333）把疑问词分为三类：指人、指物和指处所。我们看到“胡 *ga、何 *gal”也可以用来指代原因，因此王力所说的“指物”可以理解为“胡 *ga、何 *gal”的语义是除了指人和指处所以外的其他含义。

同的位置出现，二者显示出互补分布。

（97）胡/* 何为至今不朝也？

（98）子贡曰："何/* 胡为其莫知子也？"

"胡 *ga" 与 "何 *gal" 都做动词 "为" 的宾语。但当 "胡 *ga" 或 "何 *gal" 中的一个已充当 "为" 的宾语时，另一个就不能出现。这说明 "胡 *ga、何 *gal" 占据的是同一个宾语位置。在外状语位置同样如此。

（99）胡/* 何可恃也？

（100）何/* 胡足以知之？

这里询问原因的 "胡 *ga、何 *gal" 都出现在助动词之前，但它们不能出现在同一个问句中，说明它们占据了助动词之前的同一个句法位置。出现在否定词 "不、弗" 之前的 "胡 *ga、何 *gal" 也存在互补分布，"胡 *ga、何 *gal" 不能出现在一个问句中。

（101）君何/* 胡弗为？

（102）胡/* 何不见我于王？

询问原因的 "胡 *ga、何 *gal" 都可以出现在否定词之前，但它们无法同时出现在一个问句中，这说明它们占据了否定词之前的同一个句法位置。

在定语位置的 "胡 *ga、何 *gal" 也呈现出同样的互补分布。

（103）则胡/* 何罪乎？

（104）孟子曰："王何/* 胡卿之问也？"

“胡 *ga、何 *gal”都可以做定语来修饰名词“罪、卿”，但是“胡 *ga、何 *gal”不能同时出现在名词前做定语，这也说明它们占据了同一个句法位置。

而且作为外状语，“胡 *ga”与“何 *gal”既可以询问原因，也可以表达反诘。王力（1944：68）指出，“关于否认某事的可能性，中国古代也用‘何、奚、安、焉、乌、胡’等字……英语也有‘how can’的用法”。周法高（1959：178）认为，“‘何’表原因，单用表疑问或反诘”。贝罗贝、吴福祥（2000）虽然把表示反诘的“胡 *ga”与“何 *gal”归为“情状方式类”的疑问词，但他们认为反诘用法的“胡 *ga、何 *gal”的主要作用是“询问事理”，并指出“询问原因与询问事理有一种内在的语义关联，当询问原因的代词用于反诘句时，很容易诱发出询问事理的功能”。

蔡维天（2007）、Tsai（2008）通过比较日语、英语和普通话，指出普通话中的“怎么”的作用可以由询问原因转为表达否定，产生反诘的语用效果。上古汉语中的“胡 *ga、何 *gal”具有同样的语义。例如：

（105）祭仲专，郑伯患之，使其壻雍纠杀之。将享诸郊。雍姬知之，谓其母曰：“父与夫孰亲？”

其母曰：“人尽夫也，父一而已，**胡**可比也？”

（《左传·桓公十五年》）

（106）彼，丈夫也；我，丈夫也。吾**何**畏彼哉？

（《孟子·滕文公上》）

（105）中的“胡可比也”意为“（丈夫）怎么可以（和父亲）比

较呢”,（106）中的“吾何畏彼哉”意为“我怎么怕他呢”。它们的语义分析如下（参考蔡维天，2007；Tsai, 2008）：

（107）丈夫怎么可以和父亲比较呢?

a.【预设】某个事件 e 导致事件 e’：比较丈夫和父亲。

b.【言语行为】说话者想知道事件 e 是什么。

c.【语用】丈夫不能和父亲比较。

（108）我怎么怕他呢?

a.【预设】某个事件 e 导致事件 e’：我怕他。

b.【言语行为】说话者想知道事件 e 是什么。

c.【语用】我不怕他。

“胡*ga、何*gal”在语义上相同，都是对事件起因进行提问。这种提问可以转为否认，表达反诘的效果。

由此可见，从句法结构和对应的语义出发，无法解释“胡 *ga、何 *gal”在是否允准某些句法操作上的对立。如果从“胡 *ga、何 *gal”在是否允准句法操作上存在的对立来看，“胡 *ga、何 *gal”应占据不同的位置，表达不同的语义；如果从“胡 *ga、何 *gal”在同一位置存在互补分布 [如（97）～（104）]，表达同样的语义 [如（105）（106）] 来看，那么“胡 *ga”与“何 *gal”的句法和语义相同。这样我们就得到“胡 *ga、何 *gal”的句法和语义既相同又不同的结论。这个矛盾无法从句法和语义的角度得到解释。

本节梳理了过去对上古汉语“胡 *ga、何 *gal”对立现象的研究。传统研究把“胡 *ga、何 *gal”视为两个独立的形式，认为它们在是否允准句法操作上的对立是由以下原因造成的：①两种不同的方言的差异，②词汇上后起的“何 *gal”取代了“胡 *ga”，③句法上“胡 *ga、何 *gal”占据不同的位置。以上这些解释都无法概括上古汉语中“胡 *ga、何 *gal”对立的全部事实。我们认为，“胡 *ga、何 *gal”在是否允准句法操作上的对立，是韵律造成的。“胡 *ga、何 *gal”是一个词的两种形式，“何 *gal”是标准式，而“胡 *ga”是“何 *gal”的语音弱化式。

第四节 “胡 *ga、何 *gal”对立之韵律成因

一、“胡 *ga、何 *gal”轻重不同

上古汉语中“胡 *ga、何 *gal”包含的韵素数量不同，“胡 *ga”比“何 *gal”的韵素少。这种差异导致它们在韵律上呈现出“胡 *ga”轻、“何 *gal”重的对立。

本书第一章中已指出韵素是韵律上承担音节重量的单位（Prince，1980；McCarthy & Prince，1986；Zec，1988；Hayes，1989; Itô,1989；等等）。在音段（segment）中，它是韵基（rhyme）的组成部分，与声母（initial）无关（Crystal，2008：312）。在韵律层级（Selkirk，1980；Hayes，1985，Nespor & Vogel，1986；Zec，1988；等等）上，韵素是最小的单位。

根据韵律上“双分枝”的要求，在严格的韵律层级结构中，两个韵素组合构成一个音节，两个音节组合构成一个音步。音步与韵素之间不能跨过音节。韵律层面的音步进入构词层面，实现

为韵律词，它可以参与构词的语法操作。

上古汉语中“胡 *ga、何 *gal”的轻重差异也是由韵素数量的差异导致的。根据历史音韵学的研究，上古汉语中“胡 *ga”的韵部是鱼部，“何 *gal”的韵部是歌部。表 2–5 列出了上古音研究中有代表性的几家意见：

表 2–5 六家构拟的“胡”与“何”的上古音

	高本汉	李方桂	王力	白一平	郑张尚芳	潘悟云
胡（鱼部合口一等）	*g'-o	*g-a-g	*γ-a	*g-a	*g-a-a	*g-a
何（歌部开口一等）	*g'-ɑ	*g-a-r	*γ-a-i	*g-a-j	*g-a-a-l	*g-a-l

虽然六家构拟的“胡 *ga、何 *gal”的上古音在元音、辅音和韵素的数量上各有不同，但六家的构拟都反映了一个共同的语言事实：韵律上“胡 *ga”轻，“何 *gal”重。赵璞嵩（2012、2014）指出，在构拟的上古鱼部字与歌部字韵素数量相等的两家中，根据 Hogg & McCully（1987：66）对语音响度的研究，歌部的元音 /a/ 均比鱼部的元音 /o/ 重，歌部的韵尾 /-r/ 都比鱼部的韵尾 /-g/ 重。在构拟的鱼部与歌部的韵素数量不同的四家中，都呈现出歌部字的韵素数量比鱼部字的韵素数量多的特点。

关于“胡 *ga、何 *gal”的轻重差异，学者们在过去的研究中也多有提及（俞敏，1999；潘悟云，2000、2013；冯胜利，2009b；施向东、朱红，2009；等等）。例如俞敏（1999：172-173）指出，“‘胡、何’……这种‘鱼歌旁转’的现象是一种轻重音的现象”。施向东、朱红（2009）指出，“胡 *ga”是“非强调形式”，“何 *gal”是“强调形式”。

本书第一章曾指出韵素数量多少引起的韵律轻重差异，不仅造成了“胡 *ga、何 *gal”的韵律对立，还导致了一系列其他词语之间的轻重对立。例如语气词“者”与“也”、“邪”与“也”、“乎”与“也”都存在由韵素音步造成的韵律轻重对立（冯胜利，2012a）。

（109）a. 古者民有三疾，今也或是之亡也。（《论语·阳货》）

b. * 古也民有三疾，今者或是之亡也。

（110）a. 子岂治其痔邪，何得车之多也？（《庄子·列御寇》）

b. * 子岂治其痔也，何得车之多邪？

（111）a. 敢问天道乎？抑人故也？（《国语·周语》）

b. * 敢问天道也？抑人故乎？

这里韵律上较重的语气词（“也”）和较轻的语气词（“者、邪、乎”）的线性顺序均为 [轻 + 重]（“……者 / 邪 / 乎……也”）。如果变为 *[重 + 轻]，则句子不成立（*“……也……者 / 邪 / 乎”）。但是韵律上等重的成分顺序自由（“……也……也”或“……乎……邪”）。

（112）不知人杀乎？抑厉鬼邪？（《国语·鲁语》）

（113）抑刑戮也，其夭札也？（《国语·鲁语》）

由此可见，在上古汉语中，“胡 *ga、何 *gal”的音步类型属于韵素音步。因为“胡 *ga”比“何 *gal”少一个韵素 /-l/，导致“胡 *ga”轻、“何 *gal”重的韵律差异。

二、标准式“何 *gal”与弱化式“胡 *ga”

虽然过去的研究谈到过“胡 *ga”轻、“何 *gal”重的韵律关系，但是对于“胡 *ga”轻、“何 *gal”重的对应属性，一般只是把“何 *gal”定义为强调式。与传统研究不同，本书认为“何 *gal”应定义为标准式，“胡 *ga”是“何 *gal”的弱化式。

过去的研究注意到“何 *gal”比“胡 *ga”多一个韵素 /-l/，韵律上“何 *gal”比“胡 *ga”重，并把“何 *gal”定义为“强调式”。例如：

潘悟云（2000、2013）指出，上古汉语中歌部“何 *gal”与鱼部“胡 *ga”的交替使用，是强调式和普通式的对应。施向东、朱红（2009）指出，上古汉语中“何 *gal”与“胡 *ga”的对应是强调式与非强调式的对应。

如果把“何 *gal”定义为“强调式”，那么“何 *gal”出现的位置应在韵律上都要求“何 *gal”凸显。这与上古汉语的语言事实矛盾。

首先，如果“何 *gal”出现的位置在韵律上都要求“何 *gal”凸显，那么在“何 *gal”所在的韵律范域内，其他成分都应比“何 *gal”轻。但实际上，“何 *gal”做动词宾语时都是附着在动词上的，不能承担核心重音。

Feng（1995、1996）、冯胜利（2013a）指出，上古汉语中疑问词在韵律上都是弱读形式（weak form），在韵律上比单音节动词轻。据此，“何 *gal、胡 *ga”之异可以从五个方面得到印证。

第一，上古汉语中的核心重音是前轻后重。当“何 *gal”充当动词宾语时，“何 *gal”总是在动词的前边，说明“何 *gal”比动词轻。

（114）我退而楚还，我将<u>何</u>求？（《左传·僖公二十八年》）

宾语“何 *gal”出现在“求”之前，说明“何 *gal”比“求”轻。

第二，当“何 *gal”与单音节动词在句末组成 [何 +V] 时，“何 *gal”不能组成超过单音节动词音节长度的随迁结构（pied-piping）。

（115）宋何罪 *（之）有？（《墨子·公输》）

这里的“之”不能删除。如果删除“之”，会形成结构 [[何罪] 有]，双音节“何罪”比单音节“有”长，韵律上“何罪”比“有”重。这违背了上古汉语中句末的最后一个句法成分在韵律上最凸显的要求（Liberman & Prince, 1977），所以“何罪有”不成立。“何求”的普遍存在和“何罪有”的非法，说明句末 [疑问词 + 动词] 中，韵律上动词是凸显的成分，疑问词比动词轻。

第三，到了魏晋时代，双音节随迁结构“何 + N”可以出现在动词的后边，承担核心重音。

（116）今欲返国，由何道也？

（康僧会《六度集经》卷六上）

（116）中双音节随迁结构“何道”出现在动词“由”后边承担核心重音，“何道”比“由”重。这反过来说明，在上古汉语中只能出现在动词之前的单音节疑问词“何 *gal”比动词轻。

第四，在上古汉语中，疑问词“何 *gal”可以和否定词“不”合成合音合义词“盍”。

（117）盍各言尔志？（《论语·公冶长》）

这里疑问词“何 *gal”和否定词“不”合成了“盍”。这种语法操作在合音前一定会经历音节简化的过程。这说明上古汉语中“何 *gal”在韵律上比较轻。

第五，魏晋以后，出现了双音节疑问词“何物”。“何物”做动词宾语都是出现在动词后边。

（118）是卿何物？（《世说新语·言语》）

（118）中的“何物”出现在动词“是”的后边，承担核心重音，在韵律上比“是”重。这和（114）中宾语“何 *gal”出现在动词“求”前形成对立。说明上古汉语中“何 *gal”是韵律上的轻形式。

既然在 [何 + V] 中，疑问词“何 *gal”是韵律上的轻形式，比动词轻，那么“何 *gal”在 [何 + V] 中就不是韵律上的凸显成分。这个事实明显和“何 *gal”为强调式的观点矛盾。因为强调式要求“何 *gal”在韵律上凸显，且比范域内其他成分重。由此可见，“何 *gal”不是韵律上的强调式。

另外，如果“何 *gal”是韵律上的强调式，那么“何 *gal”出现的位置在韵律上都应要求强调，“何 *gal”不能出现在非强调的位置。但在上古汉语中“何 *gal”既可出现在要求强调的位置，也可出现在非强调位置。例如，外状语“何 *gal”可统制“主之谓”结构，表示强调。

（119）凤兮凤兮！何德之衰？（《论语·微子》）

“何 *gal”统制“德之衰”，表示强调。但是我们也发现在非强调的位置“何 *gal”一样可以做外状语。

（120）a. 则虽足民，何可以为治也？（《韩非子·六反》）

b. 人主其胡可以无务行德爱人乎？（《吕氏春秋·爱士》）

“何 *gal”在“可”之前做外状语。韵律上较轻的“胡 *ga”也可出现在同样的位置，说明这不是韵律要求强调的位置。这和“何 *gal”作为强调式一定要出现在强调位置矛盾。

由此可见，“何 *gal”并非韵律上的强调式。我们发现无论是否在强调位置，“何 *gal”都能出现，在句法上没有受到强调与否的制约。因此“何 *gal”不是强调式，而是标准式。标准式是“可强调式”，但不是单一的“强调式”。

如果“何 *gal”是韵律上的标准式，那么比“何 *gal”少一个韵素，在韵律上比“何 *gal”轻的“胡 *ga”就是在特定语音要求下出现的弱化式。这种标准式与弱化式的对立不仅出现在疑问词“胡 *ga”与“何 *gal”中，而且还出现在人称代词“吾 *ŋa”与“我 *ŋal”中。

赵璞嵩（2012、2014）立足韵素音步理论，论证了上古汉语中“吾 *ŋa”和“我 *ŋal”是第一人称的标准式，“吾 *ŋa”是“我 *ŋal”在特定语音环境中出现的弱化式。

首先，在历史上，先出现“我 *ŋal”，后出现“吾 *ŋa”。其次，在韵律上要求凸显、强调的位置，例如承担焦点重音或核心重音的句法位置，只能出现“我 *ŋal”，不能出现“吾 *ŋa”；在没有重音要求的句法位置，“吾 *ŋa”和“我 *ŋal”均可出现。例如：

（121）a. 虽然，夫折大木，蜚大屋者，唯我能也，故以众小不胜为大胜也。(《庄子·秋水》)

b. * 夫折大木，蜚大屋者，唯吾能也。

（122）a. 往也蕲见我，今也又蕲见我，是必有以振我也。

(《庄子·田子方》)

b. * 是必有以振吾也。

（123）哙子谓文公曰："不如以地请合于齐，赵必救我。若不吾救，不得不事。"

文公曰："善。"(《战国策·燕策一》)

（124）我竭力耕田，共为子职而已矣，父母之不我爱，于我何哉？（《孟子·万章上》）

"吾 *ŋa" 和 "我 *ŋal" 都是第一人称代词，可以出现在动词和介词的论元位置（主语、宾语），句法结构相同。在韵律上没有要求出现承担重音的句法位置，"吾 *ŋa、我 *ŋal" 都能出现，如（123）（124）。但在要求承担焦点重音的句法位置，如（121），以及承担核心重音的句法位置，如（122），"吾 *ŋa、我 *ŋal" 的句法分布出现对立。因为 "吾 *ŋa" 在韵律上比 "我 *ŋal" 轻，所以 "我 *ŋal" 能出现在韵律要求承担重音的句法位置，但是 "吾 *ŋa" 不能出现在这些位置。

三、"胡 *ga" 轻 "何 *gal" 重导致句法对立

上文谈到 "吾 *ŋa、我 *ŋal" 是弱化式与标准式的对立。这种对立造成了 "吾 *ŋa、我 *ŋal" 在句法分布上的对立。本书认为，上古汉语中 "胡 *ga、何 *gal" 在允准句法操作上的对立也

是韵律上的轻重对立导致的。

从韵律上来看，标准式“何 *gal”与弱化式“胡 *ga”的对立，就是“胡 *ga”比“何 *gal”少了一个韵素 /-l/，导致在韵律上“胡 *ga”比“何 *gal”轻。虽然韵律上“胡 *ga”比“何 *gal”轻，但是如果一个句法位置没有韵律上凸显的要求，那么只要句法上允许，“胡 *ga”与“何 *gal”都可以占据这个句法位置。例如：

（125）a. 左师曰：“谁为君夫人？余**胡弗**知？”

（《左传·襄公二十六年》）

b. 左右曰：“命可长也，君**何弗**为？”

邾子曰：“命在养民。死之短长，时也。”

（《左传·文公十三年》）

（126）a. 人主**胡可以**不务哀士？士其难知，唯博之为可，博则无所遁矣。（《吕氏春秋·报更》）

c. 君人者虽足民，不能足使为天子，而桀未必以为天子为足也，则虽足民，**何可以**为治也？故明主之治国也，适其时事以致财物。（《韩非子·六反》）

（127）a. 其藏于民心，捷于肌肤也，深痛执固，不可摇荡，物莫之能动。若此则敌**胡足**胜矣？故曰其令强者其敌弱，其令信者其敌诎。（《吕氏春秋·论威》）

b. 孔子曰：“君之所问，圣君之问也。丘，小人也，**何足**以知之？”

曰：“非吾子无所闻之也。”（《荀子·哀公》）

“胡 *ga、何 *gal”都出现在外状语位置，因为（125）～（127）

中的外状语位置都没有韵律上凸显的要求，没有要求必须由韵律上较重的疑问词占据“弗 / 可以 / 足”之前的外状语位置，“胡 *ga、何 *gal”在韵律上的对立并没有影响到它们出现在这一句法位置的合法性。

但有些句法位置要求必须由韵律上较重的疑问词占据。如果这种句法位置是通过一个句法操作得到的，那么在“胡 *ga、何 *gal”中，只有标准式“何 *gal”可以允准这些句法操作，弱化式“胡 *ga”禁止这些句法操作。因为这些句法操作的结果在语音层面（phonological form，PF）得不到合理的解释，使操作后的“胡 *ga”出现在韵律要求凸显的位置，与“胡 *ga”不能承担重音矛盾，使得全句不合法。

下面几节我们将分别从焦点重音与核心重音入手，讨论它们对“胡 *ga、何 *gal”是否允准句法操作的影响。

第五节 焦点重音造成“胡 *ga、何 *gal”句法对立

本节我们讨论焦点重音造成的“胡 *ga、何 *gal”的句法对立。“何 *gal”允准某些句法操作，如语气助词“其”的附着，但疑问词“胡 *ga”禁止这样的句法操作。因为这些句法操作导致占据某些句法位置的疑问词承担焦点重音，在韵律上必须凸显。作为弱化式，单韵素疑问词“胡 *ga”不能出现在韵律要求凸显的句法位置。因此弱化式“胡 *ga”禁止这些句法操作。

在与“胡 *ga、何 *gal”相关的句法操作中，有三种句法操作由于上述原因被弱化式“胡 *ga”禁止。① 语气助词“其”附

着在疑问词上的操作。"其"可以附着在标准式"何 *gal"之上，弱化式"胡 *ga"禁止"其"的附着操作。② 疑问词统制"主之谓"的句法操作。疑问词可以统制"主之谓"结构，表达感叹的语用效果，在韵律上较为凸显。"何 *gal"可以统制"主之谓"结构，但弱化式"胡 *ga"不能。③ 疑问词在对比句中做主语。标准式"何 *gal"可在对比问句中做主语，但弱化式"胡 *ga"不能。以上三种句法操作都要求疑问词承担焦点重音，在韵律上凸显。弱化式"胡 *ga"比标准式"何 *gal"少一个韵素，在韵律上比"何 *gal"轻，较轻的"胡 *ga"不能出现在要求承担焦点重音的句法位置。它既禁止"其"的附着操作，也不能统制"主之谓"或在对比问句中充当主语。下面我们将分别讨论焦点重音位置"胡 *ga、何 *gal"的句法对立。

一、语气助词"其"标识焦点重音

在上古汉语中，句中语气词"其"可作为附着成分附着在疑问词上，组成 [疑问词 + 其]。譬如"彼仁人何其多忧也？"(《庄子·骈拇》)，这里"其"占据停顿，附着在疑问词"何 *gal"上，标识焦点重音。

焦点（focus）可以分为"宽域焦点"和"窄域焦点"（Rochemont, 1986）。"宽域焦点"是以全句来表达一个完整信息（Zubizarreta, 1998），全句是一个焦点。"窄域焦点"则集中于句中的某个成分。如果"窄域焦点"有对应的语音形式，如重音、语调、停顿等，那么它就成为局部焦点凸显的语音实现形式。

停顿是其中的一种重要手段。McCarthy（2011）即指出古典阿拉伯语（Classical Arabic）中的停顿，在“形式上必须以重音节为结尾”[①]。Kreiman（1982）发现，在实验中拉长边界前的音节有助于提高被试对句子边界的判断。叶军曾指出，停顿前音节拉长是感知停顿的声学征兆之一（见叶军，2008：111）。当某一成分成为焦点需要加强的时候，停顿常常和重音配合，出现在相应重音的前面或后面。

但从韵律层级来看，韵律词、韵律短语、语调短语中都可以出现停顿（熊子瑜，2003）。停顿还能进入音步结构，帮助其他语音成分构成一个音步。“‘蜕化音步’一般只能出现在以单音节词为‘独立语段’（independent intonational group）的环境中，这时它可以通过‘停顿’或‘拉长该音节的元音’等手段去满足一个音步。”（冯胜利，2009a：3）

停顿本身既有无音停顿（silent pause）也有填空的停顿（filled pause）（Crystal，2008：335），即把这个无声的间断以音段的形式标识出来。在现代汉语中，句中语气词属于有声的停顿（朱德熙，1982：214）。例如句中语气词“呢”可以标识对比重音或话题（朱德熙，1982；邵敬敏，1996；Constant，2011、2014）。

（128）你<u>呢</u>，想去不能去；我<u>呢</u>，不想去又非去不可。（朱德熙，1982：214）

（129）爸爸<u>呢</u>，干脆就不回来！（邵敬敏，1996：30）

（130）在家里<u>呢</u>，处处又是那么清洁。（Constant，2014：309）

---

① 原文为“Pausal forms must end in a heavy syllable.”，译文引自赵璞嵩（2014：27）。

在（128）中，语气助词“呢”标识对比重音。在（129）和（130）中，“呢”都标识话题。

与“呢”一样，上古汉语中的语气助词“其”也是用来标识焦点重音的。譬如：“彼其发短心甚长，其或寝处我矣。”（《左传 · 昭公三年》）[1]，这可由 [疑问词 + 其] 中“胡 *ga、何 *gal”的音节组成看出来。

一是双韵素“何 *gal”完全可以自己构成独立音步，在韵律上自由、独立使用，不需要“其”帮助“何 *gal”补足一个音步。

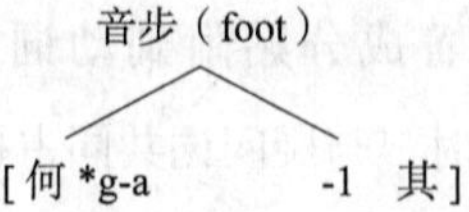

图 2–9　“何 *gal”自成双韵素音步

二是“胡 *ga”不能独立构成一个实足的音步。如果“其”是用来帮助疑问词构成独立音步的，那么“其”必然出现在结构 [胡 *ga + 其] 中。事实上，“其”从未附着到“胡 *ga”上。

因此语气助词“其”附着在疑问词上，不是帮助疑问词构成音步，而是标识焦点重音。“其”作为附加成分[2]（杨伯峻、何乐士，1992：493），无法独立使用，它需要贴附到“其”前面的疑问词上。

句法上，附加成分与它所贴附的成分共同占据一个句法位

① 杨伯峻、何乐士（1992：503）指出，其“用在人称代词‘彼’和疑问代词后，对代词起强化作用”。

② 在韵律层级中，韵律词（McCarthy & Prince，1986）、韵律短语（Zec & Inkelas，1991: 245-295）、语调短语（Zec & Inkelas，1990；Aissen，1992）中都可以出现附加成分。

置。上古汉语中的单音节疑问词做动词的宾语时，一定会附着到动词上，和动词共同占据一个句法位置（V^0）。例如：

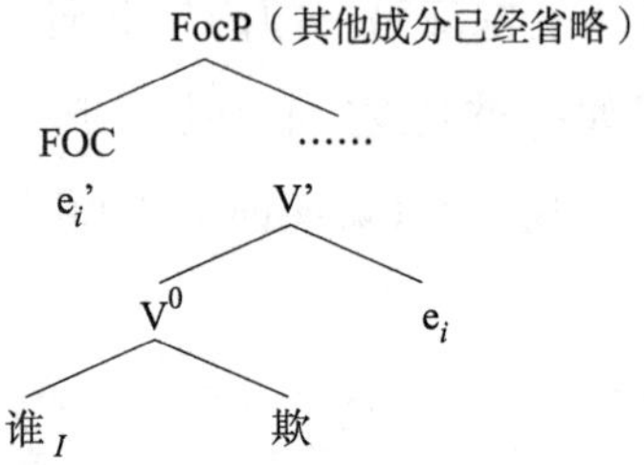

图 2–10　疑问代词做宾语贴附到动词上

疑问词“谁”作为附着成分贴附到动词“欺”上。语气助词“其”附着在疑问词上时，与疑问词共同占据附加语位置。例如：

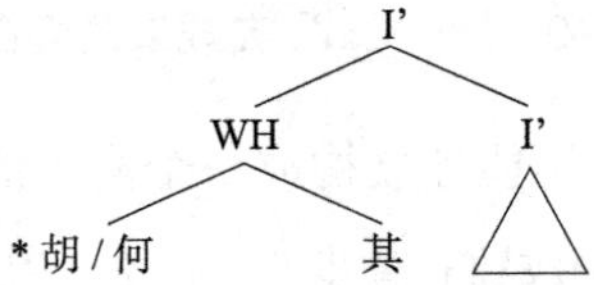

图 2–11　“其”附着到疑问词后

不仅“其”如此，上古汉语的语气助词“者、也”等同样用来标识焦点重音。在上古汉语中，第一人称代词“吾 *ŋa”属鱼部，第一人称代词“我 *ŋal”属歌部。在韵律上“我 *ŋal”比“吾 *ŋa”重。赵璞嵩（2012、2014）指出，在上古汉语中“绝没有 [吾 *ŋa + 语气词] 的搭配”。[我 *ŋal + 语气词] 的组合不仅大量分布在各种先秦文献中[①]，且“我*ŋal”常和“也”等语气助词搭配使用。

---

① 赵璞嵩（2012）统计了《左传》《论语》《孟子》《国语》《逸周书》和《礼记》6 部典籍。

（131）a. 而告我也后，既许之矣。（《左传·昭公二十一年》）

b.* 而告吾也后，既许之矣。

（132）a. 昔之见我者，进退一成规，一成矩，从容一若龙，一若虎，其谏我也似子，其道我也似父，是以叹也。（《庄子·田子方》）

b.* 昔之见吾者，进退一成规，一成矩，从容一若龙，一若虎，其谏吾也似子，其道吾也似父，是以叹也。

（133）a. 夫利君之富，富以聚党，利党以危君，君之杀我也后矣。（《国语·晋语》）

b.* 夫利君之富，富以聚党，利党以危君，君之杀吾也后矣。

冯胜利（2012）讨论了上古汉语中的对比句式［古者……今也……］，指出在韵律上对比的两部分［古者］和［今也］存在轻重差异。

（134）古者民有三疾，今也或是之亡也。（《论语·阳货》）

（135）向也不怒而今也怒，向也虚而今也实。（《庄子·山木》）

由此可见，上古汉语中的句中语气助词“其”作为一个附加成分，附着到疑问词上，组成结构［疑问词＋其］，强调局部焦点重音。

二、“其”之附着导致“胡 *ga、何 *gal”句法对立

语气词“其”附着在疑问词“胡 *ga、何 *gal”上组成结构

[疑问词＋其]。这类结构在上古汉语中比比皆是，如："始陛下与臣等起丰、沛，定天下，何其壮也！"（《史记·樊郦滕灌列传》）

[疑问词＋其]是焦点形式，而作为全句的语义焦点，疑问词承担焦点重音。因此弱化式"胡 *ga"禁止"其"附着在疑问词上，换句话说，弱化式"胡*ga"不能出现在结构[疑问词+其]中。

语气助词"其"附着在"胡 *ga / 何 *gal"上，"胡 *ga / 何 *gal"在语用表达上有强调的意味，是"叹异之辞"（马建忠，1898：402）。语气助词"其"附着在疑问词上之前和之后对比，在同一句法位置上韵律的要求不同。"其"附着在疑问词前，"胡 *ga、何 *gal"所在句法结构中韵律上不必凸显。虽然"胡 *ga、何 *gal"在韵律上轻重有别，但"胡 *ga、何 *gal"都可占据这个句法位置。

（136）a. "子盍亦授甲，无宇请从。"

子旗曰："子<u>胡</u>然？彼，孺子也。"

（《左传·昭公八年》）

b. $[_{IP}[_{NP}$ 子 $][_{WH}$ 胡 …… $[_{AP}[_{A}$ 然 $]]]]$

（137）a. 公宴于五梧，武伯为祝，恶郭重，曰："<u>何</u>肥也？"

季孙曰："请饮彘也！"（《左传·哀公二十五年》）

b. $[_{IP}[_{WH}$ 何 $]$ ……$[_{vP}[_{AP}[_{A}$ 肥 $]]$ 也 $]]$

这里"胡 *ga、何 *gal"都可以出现在句中，占据附加语位置。

语气助词"其"附着在疑问词上之后，"其"占据了停顿的位置，韵律上要求"其"前的疑问词承担焦点重音，在韵律上凸显。韵律上较重的"何 *gal"韵素数量多，可独立构成双韵素音步，承担焦点重音，所以“何 *gal”允许“其”附着在它后面，（138a）～（140a）。“胡 *ga”仅有一个韵素，不能满足韵律凸显的要求，因此“胡 *ga”不能承担焦点重音，禁止“其”的附着操作，（138b）～（140b）。

（138）a. 吾侪偷食，朝不谋夕，何其长也？

（《左传·昭公元年》）

b.* 吾侪偷食，朝不谋夕，胡其长也？

（139）a. 子路进，请曰：“何其与陈蔡反也？”孔丘曰：“来，吾语女。”（《墨子·非儒下》）

b.* 胡其与陈蔡反也？

（140）a. 自三代以下者，天下何其嚣嚣也？（《庄子·骈拇》）

b.* 自三代以下者，天下胡其嚣嚣也？

在（138）～（140）中我们看到，当标准式“何 *gal”出现在句中做状语时，语气助词“其”可以附着在“何 *gal”上，组成 [何 + 其] 结构。“何 *gal”临近占据停顿的“其”，在韵律上要求凸显，需要承担焦点重音。因为“何 *gal”本身已自成音步，独立承担焦点重音，满足韵律上凸显的要求。因此，如果“何 *gal”作为状语出现在句中时，它允准“其”附着在它上面。

但当“胡 *ga”在句中做状语时，如果“其”附着在“胡 *ga”上组成[胡+其]，那么因为“胡*ga”邻近占据停顿的“其”，在韵律上要求凸显，需要承担焦点重音。但“胡 *ga”只有一个韵素，在韵律上无法独立构成音步，不能满足韵律上凸显的要求，导致结构 [胡 + 其] 非法。如果疑问词“胡 *ga”作为状语出现在句中时，它禁止语气助词“其”附着在它上面。

由此可知，疑问词“胡 *ga”不能独立组成双韵素音步并承担焦点重音。因此，“胡 *ga”禁止语气助词“其”附着的句法操作，与“何 *gal”允准“其”的附着操作形成对立。在允准语气助词“其”附着于疑问词这个操作上，韵律上较轻的“胡 *ga”比韵律上较重的“何 *gal”受到更多的限制。

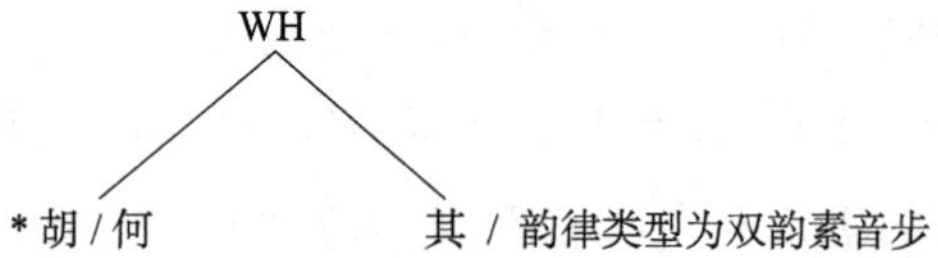

图 2–12 “其”附着到“胡、何”上的韵律条件

三、“主之谓”与“胡 *ga、何 *gal”句法对立

和语气助词“其”的附着操作一样，如果疑问词统制“主之谓”结构，“胡 *ga”也不能允准。因为当疑问词统制“主之谓”结构时，在疑问词和“主之谓”结构之间存在一个无音停顿。当无音停顿出现在疑问词之后时，疑问词也邻近停顿，同样要求在韵律上凸显，承担焦点重音。单韵素“胡 *ga”无法承担焦点重音，因此“胡 *ga”不能统制“主之谓”结构。

疑问词“胡 *ga / 何 *gal”统制“主之谓”结构组成的 [胡 *ga / 何 *gal + 主之谓]，与“其”附着到疑问词上组成的“胡 *ga / 何 *gal + 其”结构在语用上都表达强调、凸显。“实是借用疑问语气表感叹。……文言用‘何’，下面多利用“之”或“其”造成组合式词结。”（吕叔湘，1941：291）在句法上，统制“主之谓”结构的“胡 *ga/ 何 *gal”也在附加语位置。例如：

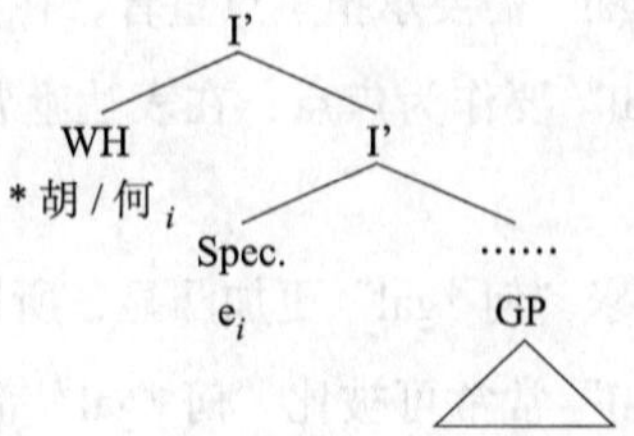

图 2–13 “胡 *ga、何 *gal”与主之谓结构的句法关系

“胡 *ga / 何 *gal”统制“主之谓”结构，在语义上询问原因（鹿钦佞，2008：119），表达强调、凸显的效果，例如：

（141）孔子游于匡，宋人围之数匝，而弦歌不惙。

子路入见，曰：“何夫子之娱也？”

孔子曰：“来！吾语女。”（《庄子·秋水》）

（142）凤兮凤兮！何德之衰？（《论语·微子》）

（143）“何许子之不惮烦？”

曰：“百工之事，固不可耕且为也。”（《孟子·滕文公上》）

这里“何 *gal”统制“主之谓”结构，如“德之衰、夫子之娱、许子之不惮烦”。但与“何 *gal”统制其他结构不同，“何 *gal”统制“主之谓”组成 [何 + 主之谓] 时，还具有表达感叹的语用效果。我们认为这个语用效果不仅是由于“何 *gal”在句法上移到了语调短语（Int, intonational phrase）上，而且是因为“何 *gal”之后插入了一个停顿，导致疑问词“何 *gal”在韵律上凸显，承担焦点重音，表达强调、凸显的意味。

停顿本身既有填空的停顿，也有无音停顿（Crystal，2008：

335)。当“何*gal”邻近无音停顿时，在韵律上，[何+停顿]与[何+其]一样，“何*gal”需要承担焦点重音，在韵律上凸显。同时在语义上，“何*gal”要作为焦点，在表达上常有强调、凸显的含义。

因为韵律上要求“何*gal”更加凸显，所以在表达凸显的语用效果时，“何*gal”常常可被比“何*gal”韵律更重的疑问结构或疑问词取代，但绝不能被韵律比“何*gal”轻的疑问词代替。

(144) a. 此**一何**庆吊相随之速也！(《战国策·燕策一》)

b. 是**何**庆吊相随之速也！(《史记·苏秦列传》)

在(144a)中，用双音节疑问结构“一何”代替单音节“何*gal”统制“主之谓”结构“庆吊相随之速”，表达强调的语用效果。在(144b)中，我们看到《史记》中用“何*gal”代替“一何”。“一何”与“何*gal”的这种对应关系在(145)中体现得更加明显。

(145)受赐不待诏，**何**无礼也！拔剑割肉，**一何**壮也！

(《汉书·东方朔传》)

这里双音节“一何”与单音节“何*gal”形成对文，说明二者都可表达强调的语用效果。“‘何’上又可以加‘一’，其下即不用‘之’或‘其’。”(吕叔湘，1941：291)

除了双音节的“一何”，双音节“何如”也可用来替代单音节“何*gal”。

(146)凤兮凤兮！**何**德之衰？(《论语·微子》)

(147)凤兮凤兮！**何如**德之衰也？(《庄子·人间世》)

“何德之衰”中的“何 *gal”在（147）中被“何如”替代了。

三音节“若之何”也可以替代“何 *gal”来统制“主之谓”结构。

（148）<u>若之何</u>子之不言也？（《左传·哀公十一年》）

三音节“若之何”统制“主之谓”结构“子之不言”。前面我们讨论过，在上古汉语中，双音节的疑问词在韵律上比单音节的疑问词重。因此，这里可用双音节、三音节疑问词组代替的单音节“何 *gal”，在韵律上一定不同于其他不表达感叹效果的“何 *gal”，它在韵律上更加凸显。也就是说，这里的“何 *gal”承担焦点重音。此外，要表达凸显的效果，还可以用“何其”替代“何 *gal”。

正因为统制“主之谓”结构的“何 *gal”表达凸显的语用效果，需要承担焦点重音，因此在韵律上比“何 *gal”轻的“胡 *ga”就不能统制“主之谓”结构。

（149）* <u>胡</u>夫子之娱也？

（150）* <u>胡</u>德之衰？

这里如果用“胡 *ga”替代“何 *gal”，即用“胡 *ga”统制“主之谓”结构，整个结构由合法变为非法，不被语法允准。这是因为弱化式“胡 *ga”比标准式“何 *gal”少一个韵素 /-l/，在韵律上比“何 *gal”轻。当“胡 *ga”统制“主之谓”结构时，因为邻近停顿，需要承担焦点重音。弱化式“胡 *ga”不能独立构成韵素音步，不能承担焦点重音，因此“胡 *ga”不允许“主之谓”作为它统制的结构。在先秦文献中没有“胡 *ga”统制

“主之谓”结构的用例。

由此可见，因为弱化式“胡 *ga”不能独立组成双韵素音步来承担焦点重音，因此“胡 *ga”不能统制“主之谓”结构，与“何 *gal”统制“主之谓”结构形成对立。在允准统制“主之谓”结构这个操作上，韵律上较轻的“胡 *ga”比较重的“何 *gal”受到更多的限制。

四、对比焦点与“胡 *ga、何 *gal”句法对立

在上古汉语中，“何 *gal”可以在对比句中做主语，但“胡 *ga”不能。这是因为对比句中的主语需要承担对比重音。对比重音也是一种焦点重音。但弱化式“胡 *ga”只有一个韵素，在韵律上比较轻，不能独立构成实足音步，无法承担对比重音，不能在对比句中充当主语。

在上古汉语中“何 *gal”做主语的例子不多。根据何乐士（1989）对《左传》中“何 *gal”做主语的用例统计，“何 *gal”做主语只出现 6 次，占《左传》中疑问代词“何 *gal”总用例的 4.8%。与之相对，《左传》中“何 *gal”做宾语的用例有 118 例，占疑问代词“何 *gal”总用例的 93.7%（何乐士，1989：244）[①]。在《孟子》中，“何 *gal”做主语的用例只出现 9 次，占疑问代词“何 *gal”总用例的 11%；与之相对，《孟子》中“何 *gal”做宾语和定语的用例有 73 次，占疑问代词“何 *gal”总用例的 89%。

① 何乐士（1989）原文中，“何”做主语的比例为 5.4%，“何”做宾语的比例为 93%。但原文共有 126 例用例，6 例（做主语）的占比应为 4.8%，118 例（做宾语）的占比应为 93.7%。

但在“何 *gal”做主语的用例中，“何 *gal”主要在对比句中做主语。例如在何乐士（1989）统计的“何 *gal”做主语的 6 个用例中，“何 *gal”出现在对比句中的用例有 5 个（现重列于此）。

（83）景王问于苌弘曰：“今兹诸侯何实吉？何实凶？”
对曰：“蔡凶。”（《左传·昭公十一年》）

（84）公笑曰：“子近市，识贵贱乎？”
对曰：“既利之，敢不识乎？”
公曰：“何贵？何贱？”
于是景公繁于刑，有鬻踊者，故对曰：“踊贵，屦贱。”
（《左传·昭公三年》）

（85）封略之内，何非君土？食土之毛，谁非君臣？
（《左传·昭公七年》）

在（83）和（84）中，“何 *gal”在并列的对比问句中充当主语，承担焦点重音。在（85）中，“何 *gal”与“谁”形成对文，承担焦点重音。“何 *gal”本身已包含两个韵素，可以独立构成双韵素音步。因此，“何 *gal”可以在对比强调句中做主语，承担对比重音，表示强调。

但如果弱化式“胡 *ga”出现在对比句中做主语，那么整个句子就变为非法结构。

（151）* 今兹诸侯胡实吉？胡实凶？

（152）* 胡贵？胡贱？

因为“胡 *ga”出现在承担对比重音的位置，在韵律上要求凸显，需要承担对比重音。但“胡 *ga”只有一个韵素 /a/，在韵律上无法独立构成一个实足的音步，不能满足韵律上凸显的要求，导致整个对比问句非法。因此弱化式“胡 *ga”不能出现在对比句中充当主语。

由此可见，因为弱化式“胡 *ga”不能独立构成双韵素音步，承担焦点重音，因此“胡 *ga”不能在对比句中充当主语，与“何 *gal”可以出现在对比问句中形成对立。在允准出现在对比问句中充当主语的操作上，韵律上较轻的“胡 *ga”比韵律上较重的“何 *gal”受到更多的限制。

第六节　核心重音造成“胡 *ga、何 *gal”句法对立

一、上古汉语之核心重音

在第一章中我们已经指出，核心重音是“把一个句子作为一个完整的信息体时所说的重音结构”（冯胜利，2009a：79）。上古汉语和现代汉语都是 SVO 型语言，因此它们的核心重音都居后，即“后重”。Quirk（1972）把这种现象归纳为“尾重原则”（principle of end-weight），即“在句子和短语中，较重的成分一般比较轻的成分靠后”。但这仅是一般性的现象描述，没有揭示出句法结构与核心重音之间的关系。

核心重音以句末的最后一个短语作为其范域。这个原则可以很好地预测英语核心重音的指派。冯胜利（2000、2013a）指出，“先秦以句子中的最后一个 XP 为单位，而现代汉语则以句子中最后一个 VP 为单位”。因此，上古汉语的核心重音指派原则按照 Liberman & Prince（1977）的核心重音原则的定义，是以句子中

的最后一个短语为核心重音的范域，把重音指派给最后一个句法成分。

在上古汉语中，如果介宾短语出现在全句的最后，那么介词的宾语不能轻于动词的宾语；如果介词的宾语比动词的宾语轻，那么介宾短语不能出现在句末。马建忠（1898）说，“转词介以‘以’字置于止词之后者，盖止词概为代字，而转词又皆长于止词，句意未绝耳”。冯胜利（2000、2013a）指出，这是因为核心重音要求句末最后一个短语在韵律上最凸显，因此比动词宾语轻的介词宾语无法满足核心重音的要求，不能出现在句末的位置。

（153）附之以韩魏之家，如其自视欿然，则过人远矣。

（《孟子·尽心上》）

（154）五亩之宅，树之以桑，五十者可以衣帛矣。

（《孟子·梁惠王上》）

（155）a. 今之为仁者，犹以一杯水救一车薪之火也。

（《孟子·告子上》）

b.* 今之为仁者，犹救一车薪之火以一杯水也。

因为核心重音落在句末最后一个短语内，（153）和（154）中的介词宾语“韩魏之家、桑”在韵律上都比动词宾语“之”重。（155）中因为“一杯水”只有三个音节，比五音节的“一车薪之火”短，“一杯水”在韵律上比“一车薪之火”轻，不是全句最凸显的结构，所以（155a）中“一杯水”不能出现在句末来承担核心重音。如果把介词短语放在句末，整个句子就变为非法结构。

在上古汉语中，如果疑问词“胡 *ga”单独出现在句末，那么按照核心重音规则的要求，“胡 *ga”也需要承担核心重音，在韵律上最凸显。但是我们知道，弱化式“胡 *ga”只有一个韵素，不能独自组成一个实足的双韵素音步，也就不能出现在韵律上要求凸显的位置。如果“胡 *ga”出现在句末位置，整个句子就是非法的。

因此在疑问词“胡 *ga”出现的句子中，它不能和句末动词组合，禁止统制的句法成分进行 A-bar 移位，都是核心重音禁止“胡 *ga”出现在句末的结果。

二、A-bar 移位导致“胡 *ga、何 *gal”句法对立

因为弱化式“胡 *ga”统制的句法成分进行 A-bar 移位，会形成 [疑问词（+ 句末语气词）] 的线性结构，导致“胡 *ga”出现在句末核心重音的范域内，所以“胡 *ga”禁止它统制的句法成分进行 A-bar 移位。

在第二节中已经讨论过疑问副词“胡 *ga / 何 *gal”占据了屈折短语的附加语位置，在句法结构中位于句子的上层。例如：

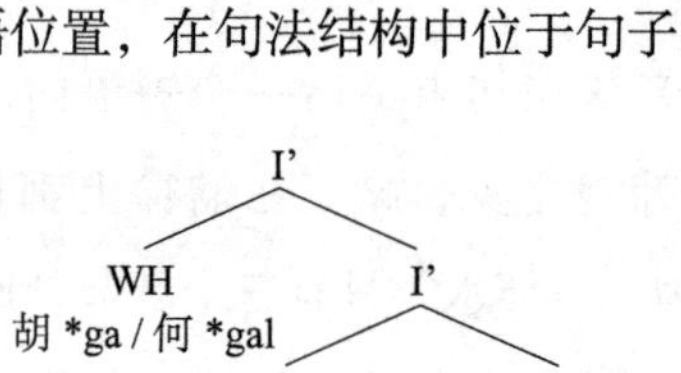

图 2–14 “胡 *ga、何 *gal”与轻动词短语的句法关系

因此句末位置并非直接生成疑问副词“何 *gal”的句法位置，“何

*gal”“独立成句”或“做谓语”(贝罗贝、吴福祥，2000)，是“何 *gal”统制的成分进行 A-bar 句法移位操作的结果。[疑问词 + 句末语气词] 是由结构 [胡 / 何 + XP + 句末语气词] 中的 XP 进行 A-bar 移位，即话题化（topicalization），移到了话题（topic）位置，形成左向出位（left dislocation）而形成的。即：

（156）a. $[_{CP}\ [_{IP}$ Subj. $[_{TopP}\ XP_i\ ]\cdots[_{I'}$ 胡 / 何$\cdots e_i \cdots]]$SFP]

b. 女$_j$何[pro$_j$独不欲]邪？→女$_j$ [pro$_j$独不欲]$_i$，何e_i邪？

（《庄子·天地》）

“何 *gal” 统制的“独不欲”移到了疑问副词“何 *gal”之前。因为疑问副词“何 *gal”已经占据了屈折短语的附加语位置，“独不欲”进行 A-bar 移位，形成“女独不欲，何邪”的语序。这里的移位操作还可从两个方面得到证实。

首先，句法上这些“独立成句”或“做谓语”的疑问句都遵守移位的限制条件。Beck（2006）指出特指疑问句存在“干涉效应”(intervention effect)，这种效应在不同的语言中都已得到验证。

如果在原位疑问词（in-situ wh-phrase）和它的标句词核心（complementizer）之间插入一个焦点敏感算子（focus sensitive operator)，那么这个句子就不合法。但在不同的语言中，哪些算子属于会导致结构不合法的敏感算子？有的研究者认为因语言而异（Beck，2006；Kotek，2014）。在上古汉语中，否定词“不 / 未 / 弗”是焦点敏感算子，在特指疑问句中，它们不能出现在疑问词之前（魏培泉，1999）。

（157）a. 故知知一，则若天地然，则**何事**之不胜，**何物**之不应？（《吕氏春秋·论人》）

b.* 不胜**何事**，不应**何物**？

（158）a. 其子而食之，且**谁不**食？（《韩非子·说林上》）

b.* 其子而食之，且**不谁**食？

（159）a. 何为乎，**何不**为乎？夫固将自化！（《庄子·秋水》）

b.* **不何**为乎？

（160）a. 且许子**何不**为陶冶，舍皆取诸其宫中而用之？（《孟子·滕文公上》）

b.* 且许子**不何**为陶冶？

（161）a. 左师曰："谁为君夫人？余**胡弗**知？"（《左传·襄公二十六年》）

b.* 余**弗胡**知？

（162）a. 人主**胡不**广焉，无恤亲疏，无偏贵贱，唯诚能之求？（《荀子·王霸》）

b.* 人主**不胡**广焉，无恤亲疏，无偏贵贱，唯诚能之求？

无论疑问词"胡 *ga、何 *gal、谁"作为论元（argument），如（157a）～（159a），还是附加语（adjunct），如（160a）～（162a），在句法结构中它们都必须在否定词"弗/不"之前。如果疑问词位于否定词之后，句子就都变成非法的结构，如（157b）～（162b）。这是因为否定词介于疑问词和它们的标句词之间，阻碍了标句词和疑问词的语义关联。

另外，在上古汉语中，如果代词在否定句中做宾语，代词需要附着移位到否定词上，和否定词共同占据一个句法节点（Feng，1995；冯胜利，2013a：301）。例如：

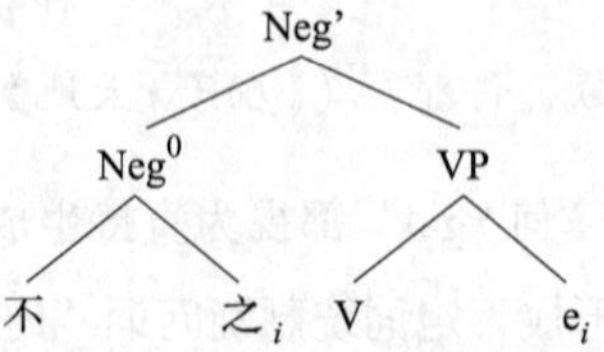

图 2–15　否定词与代词宾语占据同一个节点

但当疑问代词出现在具有否定形式的句子中，疑问代词从来没有出现在否定词之后，都在否定词的前面。

（163）a.　晋国之命，未是有也。（《左传·襄公十四年》）

b.　且谁不食？（《韩非子·说林上》）

c.* 且不谁食？

（163a）中的非疑问代词“是”附着在否定词“未”之后，和否定词占据否定短语的核心位置。（163b）中疑问代词“谁”附着在否定词“不”之前，和否定词占据否定短语的核心位置。如果“谁”出现在否定词之后，整个结构就是非法的，如（163c）。而且组成的合音词“盍”也是按照“何 *gal + 不”顺序组成合音词，而不是按“不 + 何 *gal”顺序组成合音词。

如果出现在句末的疑问副词“何 *gal”是直接在句末生成的，那么否定词出现在疑问词“何 *gal”之前，则组成结构 [……不 / 未 / 弗……何 *gal……]，就违背了 Beck（2006）的“干涉效应”，是非法的结构，不能存在。但在上古汉语中，这样的结构又确实存在：

（164）相人敌国而相贤，其不可何也？（《韩非子·内储说下》）

（165）徒术而无法，徒法而无术，其不可何哉？

（《韩非子·外储说右上》）

（166）女独不欲，何邪？（《庄子·天地》）

如果把句末的“何 *gal”都视为直接生成的，那么“不”位于“何 *gal”前面形成否定词统制疑问词“何 *gal”的句法关系。根据“干涉效应”，“不”介于疑问词“何 *gal”与标句词之间，这些句子就不合法。但这些结构在上古汉语中又确实存在，说明句末的“何 *gal”并非在基础位置生成的，“不”和“何 *gal”之间没有统制的句法关系。

如果把“女独不欲，何邪”视为“女何独不欲邪”移位的结果，那么就不存在“干涉效应”。“独不欲”移位到了话题短语，否定词“弗 / 不”没有统制疑问词“何 *gal”。换句话说，否定词没有插入疑问词“何 *gal”与它的标句词 C 之间，所以（164）～（166）中的结构 [……不……何 *gal……] 没有构成“干涉效应”，因此这些结构都是合法的。它们的句法结构表述如下：

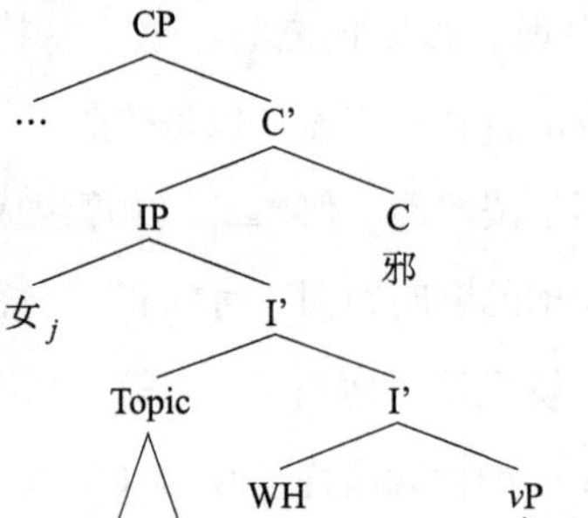

图 2–16 “女独不欲”的句法结构

因为 [胡 *ga / 何 *gal + 句末语气词] 的结构是轻动词短语移位形成的，所以“胡 *ga / 何 *gal”在基础位置并不在句末，也没有和句末语气词相邻。

此外，询问原因的“胡 *ga、何 *gal”都高于动词短语 VP 层面的成分，都是句法移位操作的结果。如果把“何邪”中的“何 *gal”视为谓语，即“何 *gal”在小句子层面下生成，同“胜、知”都出现在一个动词短语 VP 层面。那么，这就和“胡 *ga、何 *gal”不能出现在屈折短语 IP 和动词短语 VP 层面之后矛盾了。这一点也可证明原来称作“做谓语”“独立成句”的“何 + 句末语气词”结构（164）～（166）都是句法移位操作的结果。

（167）a. 若此，则敌胡足胜矣？（《吕氏春秋·论威》）

b. 君之所问，圣君之问也。丘，小人也，何足以知之？（《荀子·哀公》）

因此，“胡 *ga、何 *gal”出现在句末，都是它们统制的句法成分移位的结果。移位发生后，我们发现原来不在句末的疑问词“胡 *ga、何 *gal”在移位后的线性序列中出现在句末。根据上古汉语核心重音的指派原则，如（168），“胡 *ga、何 *gal”需要承担核心重音。①

（168）女 $_j$ [pro$_j$ 独不欲]$_i$，[何]e$_i$ 邪？（《庄子·天地》）

NS（核心重音）

疑问副词“何 *gal”需要承担核心重音。“何 *gal”本身包含两个韵素，自己可以组成一个实足的双韵素音步，可以承担这

① 句末语气词“邪”未计入核心重音范域的原因，见下文的讨论。

里的核心重音。但是从韵律上来看，弱化式“胡 *ga”只有一个韵素 /a/，不能独立构成实足的双韵素音步，在韵律上比标准式“何 *gal”轻。因此韵律上允准标准式“何 *gal”出现在句末，禁止弱化式“胡 *ga”出现，因为“胡 *ga”不能满足韵律上凸显的要求。

（169）何──➤ * 胡 / [WH] #（NS=Nuclear Stress，核心重音）
NS

这个规则可通过（170）得到检验。在（170a）中，核心重音指派给句末的最后一个短语 $[_{IP}$ 何]。单音节“何 *gal”已经包含两个韵素，满足韵素音步的“双分枝”要求，可以承担核心重音。和弱化式“胡 *ga”相比，它多了一个韵素 /-l/，韵律分量更重，满足了承担重音的音节不能短（[－短]）的要求（赵璞嵩，2014）。但单音节疑问词“胡 *ga”只有一个韵素 /a/，它统制的“其不可”移位后，“胡 *ga”无法承担核心重音，不能满足韵律上凸显的要求，所以“胡 *ga”不能出现在句末，如（170b）。换句话说，“胡 *ga”统制的“其不可”不能进行 A-bar 移位。

（170）a. 相人敌国而相贤，[其不可 $]_i$ 何 e_i 也？

（《韩非子・内储说下》）

b.* [其不可 $]_i$ 胡 e_i 也？

韵律上，核心重音对“胡 *ga / 何 *gal”能否在句末位置出现的制约表现为：韵律上较重的标准式“何 *gal”允许它统制的成分（“其不可”）进行 A-bar 移位操作，移动到话题位置，形成 [何＋句末语气词] 的结构，如（170a）；韵律上较轻的“胡 *ga”

禁止它统制的成分（“其不可”）进行 A-bar 移位操作，移动到话题位置，结构 [胡 + 句末语气词] 不合法，如（170b）。

由此可知，核心重音造成了“胡 *ga、何 *gal”在是否允准句法移位的操作的对立。弱化式“胡 *ga”只有一个韵素，不能组成实足的音步，在韵律上比标准式“何 *gal”轻，不能承担核心重音，不能满足韵律上的凸显要求，因此“胡 *ga”禁止它统制的句法成分 XP 进行 A-bar 移位。

三、句末动词与“胡 *ga、何 *gal”句法对立

因为句末动宾组合属于全句的核心重音范域，不具备语音上的弱化环境，所以弱化式“胡 *ga”不能出现在核心重音范域内，当“胡 *ga”做动词宾语时，它不能和句末动词组合。

上文中已讨论过，上古汉语中疑问词做动词宾语时，疑问词在句法操作上作为附加成分贴附到动词上，和动词占据一个句法节点。例如：

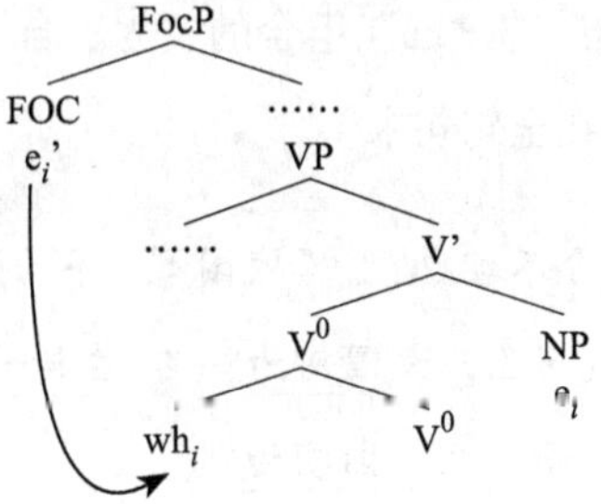

图 2–17　疑问词做宾语的句法结构

这里，动词的宾语疑问词 wh 和动词 V^0 共同占据了动词 V^0 这个句法节点。

在上古汉语中，“胡 *ga、何 *gal”都可以做动词的宾语。但“何 *gal”既可以和出现在句中的动词组成 [何 *gal + 动词]，也可以和出现在句末的动词组成 [何 *gal + 动词]。已经移动到焦点（FOC^0）的疑问词再次移位，附着到动词上，和动词共同占据动词核心（V^0），形成 [附着成分 + 动词] 的结构。

（171）何**为**其莫知子也？（《论语·宪问》）

（172）朕又何**知**？（《庄子·在宥》）

（173）内省不疚，夫何**忧**何**惧**？（《论语·颜渊》）

（174）吾独何**好**焉？（《左传·昭公十五年》）

（175）吾何**修**而可以比于先王观也？（《孟子·梁惠王下》）

“何 *gal”可以和不同的动词搭配，而且动词既有出现在句中的（如“为、忧、修”），也有出现在句末的（如“知、惧、好”）；既有实义动词（如“好”），也有轻动词（如“为”）。

与之相对，和“胡 *ga”组合的动词则非常有限，只有轻动词“为、自”。且与“胡 *ga”组合的“为、自”的句法位置也受到限制，不能出现在全句句末。

（176）**胡为**至今不朝也？（《战国策·齐策》）

（177）a. 在我而已，大国**何为**？（《左传·桓公六年》）

b.* 在我而已，大国**胡为**？

（178）此**胡自**生？此自恶人贼人生与？（《墨子·兼爱下》）

在（176）和（177）中我们看到，“胡 *ga、何 *gal”都和动词“为”搭配，做动词“为”的宾语。但“胡 *ga”只能和出现在句中位置的动词“为”搭配，当“胡 *ga”代替“何 *gal”与句末的动词“为”搭配时，[胡 + 为] 就成了非法的结构。

而 [胡 *ga + 自] 在先秦文献中的出现频率非常低，仅在《墨子》中出现两次，且均出现在句中，没有在句末出现过。

（179）a. 此<u>胡</u>自生？此自恶人贼人生与？（《墨子·兼爱下》）

b. 此<u>胡</u>自生？此自爱人利人生与？（《墨子·兼爱下》）

根据我们的考察，动宾组合 [胡 + 为] 的用例虽然不少，但没有 [胡 + 为] 出现在句末的情况（参见前文表 2–1 的统计）。

在我们考察的 22 种典籍中，动宾组合 [胡 + 为] 从来没有出现在句末；而动宾组合 [胡+自] 也都位于句中，从未出现在句末。这是因为，当疑问词作为动词的宾语和句末的动词搭配时，它们组成的动宾组合 [wh+V] 组成一个双音节音步，承担全句的核心重音。

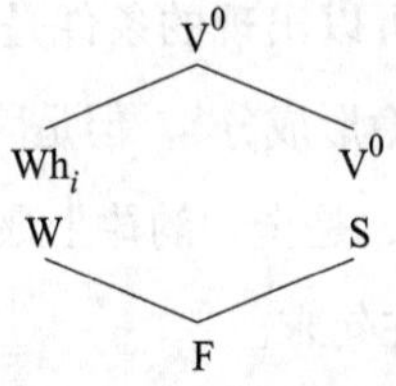

图 2–18　[wh+V] 的双音节音步 [①]

在这个结构中，如 Feng（1995）所证，和动词相比，单音节疑问词在韵律上是一个弱读形式，比单音节动词轻。

虽然动宾组合 [疑问词 + 动词] 中的单音节疑问词宾语是弱

① 图中W代表韵律上“轻”（weak），S代表韵律上“重”（strong），F代表“音步”（foot）。

读形式，但疑问词宾语和动词都处于核心重音的范域之内。核心重音的范域是全句韵律最凸显的位置，不具备语音弱化的条件。也就是说，在核心重音范域 [疑问词 + 动词] 之内，不允许出现韵律上的弱化式。因此，虽然同样作为弱读形式的疑问词，但是标准式“何 *gal”可以出现在核心重音范域内，弱化式“胡 *ga”则被核心重音范域所排斥。

核心重音范域对弱化式的限制也可以从“吾 *ŋa、我 *ŋal”的对立中得到印证。赵璞嵩（2014）指出，当第一人称代词在句末做动词的宾语时，标准式“我 *ŋal”从来不会替换为弱化式“吾 *ŋa”。

（180）a. 往也蕲见我，今也又蕲见我，是必有以振我也。

（《庄子·田子方》）

b. * 是必有以振吾也。

若用“吾 *ŋa”代替“我 *ŋal”，整个结构就会变为非法结构。因为弱化式“吾 *ŋa”可以出现的条件是有弱化的语音环境。虽然人称代词在韵律上是隐形成分[①]，但是因为它作为动词的宾语出现在核心重音的范域内，是全句韵律上最凸显的位置，因此弱化式“吾 *ŋa”不能出现在句末。

由此可见，当疑问词出现在句末核心重音范域内时，核心重音范域是全句韵律上最凸显的位置，不存在语音的弱化条件，禁止弱化式“胡 *ga”进入这个范域。因此“胡 *ga”不能和句末的动词搭配。而且，在上古汉语中仅见的几种疑问宾语出现在动词之后的凝固结构中，只有“何 *gal”能出现在这样的结构中，“胡

---

① “隐形成分”概念详见第三章第五节第一部分。

*ga”不能。根据周法高（1959）的归纳，这样的结构包括“如（之）何、若（之）何、奈何、谓（之）何”几类。在这几类结构中，从来不出现“胡 *ga”（丁声树，1948：353），例如：“* 如（之）胡、* 若（之）胡、* 奈胡、* 谓（之）胡”。

这同样是因为这些凝固结构出现在非语音弱化的环境中，因此弱化式单韵素“胡 *ga”不能出现在这里。与疑问词宾语相对，在这些凝固结构中，位于疑问宾语之前的代词“之”可以与动词组成合音词。例如，若 + 之 → 奈。

第七节　结　语

本章讨论了上古汉语中韵律是如何制约疑问词“胡 *ga”（鱼部）与“何 *gal”（歌部）的句法分布的。在韵律上，双韵素“何 *gal”是标准式，而单韵素“胡 *ga”是在特定韵律环境下才允许出现的语音弱化式。“胡 *ga”与“何 *gal”的音步类型都是韵素音步，音节内包含的韵素数量决定了它们的韵律轻重关系。“胡 *ga”比“何 *gal”少一个韵素，在韵律上比“何 *gal”轻，导致“胡 *ga”比“何 *gal”受到更多的句法限制。在要求韵律凸显的句法位置上，“何 *gal”可以出现，“胡 *ga”不能出现。如果“胡 *ga”所在的特指疑问句中，有句法操作会导致“胡 *ga”出现在韵律凸显的位置，这些句法操作也会被禁止。这些句法限制如前文表 2–2 所示。

由上可见，韵素音步决定了上古汉语疑问词“胡 *ga”与“何 *gal”的句法分布。这些发现可以为深入认识上古汉语的疑问词提供新的视角。有别于从音段形式（声母、韵母）的角度分析上古汉语的疑问词（如周法高，1959；王力，1954），从韵素音步的角度也许可以挖掘出这些疑问词背后更深层次的语言机制。除了“胡 *ga、何 *gal”之外，上古汉语中其他的疑问代词也可以成组出现，如“孰、谁”。如果以本章的研究作为起点，从韵素音步的角度系统地研究上古汉语中所有成组出现的疑问词，也许会进一步接近上古汉语疑问词的真实面貌。

思考与练习

1. 请举例说明韵素音步和音节音步的异同。
2. 请举例说明上古汉语韵素音步导致了哪些语法现象。
3. 上古汉语疑问词“胡、何”都有哪些语法对立？
4. 为什么说上古汉语疑问词“胡、何”的对立是由韵律导致的？
5. 请说明核心重音如何导致上古汉语疑问词“胡、何”的对立。

3

第三章

核心重音促发的疑问词的双音化[①]

① 从构词角度来看，上古汉语中的单音节疑问词都是词，这点确定无疑。但上古汉语中的双音节疑问组合可能是词，也可能是短语。双音节疑问组合实际上是韵律词，所以本章中我们把它们统一称为疑问词。
本章部分内容曾发表于《汉语史研究集刊》(第二十四辑)。

第一节 引 言

上一章我们从韵素层面论证了上古汉语中韵素对疑问词的句法操作的制约。虽然在宾语、外状语、主语和定语的位置都允准单音节疑问词“胡 *ga”或“何 *gal”，但在内状语位置，无论是标准式“何 *gal”还是弱化式“胡 *ga”，都不能出现。我们认为这是音节音步对疑问词双音化形成的制约。也就是说，韵律不仅在韵素层面对疑问词形成制约，也在音节层面对疑问词形成制约。本章将论证上古汉语中音节音步对疑问词双音化的制约。

根据 Selkirk（1980）、McCarthy & Prince（1986）等对“韵律层级”的研究，音节作为韵律单位，位于韵素之上。

韵律词（prosodic word）
|
音步（foot）
|
音节（syllable）
|
韵素（mora）

图 3–1　韵律层级单位（韵律词以下部分）

Feng（1995）、冯胜利（1997）指出，从春秋战国时期开始，双音节音步逐渐取代双韵素音步。到了魏晋时代，汉语完成了由双韵素音步向双音节音步的转化。正是在双音节音步的韵律要求下，词汇词（lexical word），如名词、动词、形容词由单音节为主变为双音节为主，即“双音化”。过去的研究（周法高，1959；魏培泉，1989；程湘清，1992；杨伯峻、何乐士，1992；Feng，1995；冯胜利，1997、2000、2013a；贝罗贝、吴福祥，2000；胡敕瑞，2005、2008；等等）集中探讨了上古汉语中名词、动词的“双音化”现象，对名词、动词的“双音化”现象进行了描写和解释。同时，学界也对上古汉语到中古汉语中疑问词的“双音化”现象进行了描写，并对论元位置疑问词的“双音化”现象进行了解释（Feng，1995）。

但有一个疑问词双音化的重要现象还未见讨论。不同位置上的疑问词“双音化”的顺序呈现非论元位置（non-argument）早于论元位置（argument）的不平衡分布。在先秦时代，非论元位置上，如附加语和定语上的疑问词已成批实现“双音化”；但论元位置上，如主语和宾语上的疑问词“双音化”直到两汉时代才成批出现。

本章认为，这是音节音步与核心重音、焦点重音共同制约疑问词的结果。在上古汉语中，作为疑问句的语义焦点，疑问词需承担全句的焦点重音。但单音节疑问词在韵律上是弱读式（Feng, 1995），不能承担焦点重音。疑问词必须组成双音节音步以承担焦点重音。在句法上，疑问词和其他句法成分组成了“随迁结构”。在附加语、定语等非论元位置，疑问词与相邻的句法成分组成双音节音步，构成双音节韵律词。在论元位置，单音节疑问词和单音节谓语组成双音节音步 [Wh + V/A]，满足焦点重音和核心重音的要求，所以单音节疑问词没有双音化，没有变为双音节疑问词。这导致不同句法位置上的疑问词双音化的时代早晚不同。

第二节 疑问词的句法分布

本节考察上古汉语中单双音节疑问词的句法分布。贝罗贝、吴福祥（2000）统计了先秦时期的 36 个疑问词。本章在贝罗贝、吴福祥（2000）研究的基础上，结合周法高（1959），魏培泉（1989），杨伯峻、何乐士（1992），王海棻（2001）等研究，将下列 31 个疑问词作为研究对象。

表 3–1 上古汉语中的疑问词

单音节（13 个）	谁 孰 何 畴 安 奚 恶 胡 焉 盍 几 阖 曷（害）
双音节（16 个）	何所 何等 如何 几所 何若 奚若 若何 奈何 何以 何故 云何 如台 何如 奚如 几何 何为
三音节（2 个）	若之何 如之何

上古汉语中的单音节疑问词是词，但双音节疑问词在韵律上是一个双音节韵律单位，在句法上是一个短语，是一个随迁结构，还不是一个复合词。这些双音节疑问韵律词到了中古汉语乃至现代汉语中，经历意义概化及词汇化的过程以后，成为复合词，如“何物、何以”。但是无论作为复合词还是短语，双音节

疑问组合始终是一个韵律词。

为了清楚显示疑问词的句法结构，本章采用Tsai（1999、2013）、蔡维天（2007）对汉语疑问词的句法结构的分析。Tsai（1999、2013）、蔡维天（2007）立足Rizzi（1997）、Cinque（1999）、Belletti（2004、2005）的句法研究，通过“制图理论”（topography theory）把汉语中的疑问词的句法结构清晰地描绘出来。在上古汉语中，疑问词在句法上既可以充当主语、宾语，也可以充当附加语和修饰语，但是不同长度的疑问词能够出现的句法位置并不一致，单双音节疑问词的句法分布存在对立。它们的句法分布可以概括如下：

① 主语位置只有单音节疑问词。

② 宾语位置只有单音节疑问词。

③ 定语位置既有单音节疑问词，也有双音节疑问词。

④ 谓语位置只有双音节和三音节疑问词，没有单音节疑问词。

⑤ 内状语位置只有双音节和三音节疑问词，没有单音节疑问词。

⑥ 外状语位置既有单音节疑问词，也有双音节、三音节疑问词。

接下来本节首先讨论上古汉语中双音节疑问词的语法性质，然后具体分析上古汉语中不同长度的疑问词的句法分布。

一、双音节疑问词是韵律词

上古汉语是一种单音节语言，一个音节就是一个词。因此，上古汉语中的单音节疑问词自己就是一个词，即赵元任（1975）所说的“音节词”，更准确地说，是由一个音节语素（morphosyllabicity，冯胜利，2001）独立成词。

（1）[M]=[σ]（M= morpheme，语素；σ = syllable，音节；“[]”表示边界）

从韵律构词学来看，汉语的本土词汇[①]存在“音节语素对应律”，即一个音节对应一个语素。音节的边界和语素的边界分别校齐（Feng，1995；冯胜利，2001）。如果这个语素独立构词，那么这个音节就是一个词，比如 [何] = [*gal]。

在上古汉语中，语素“何”的左右边界分别与音节 /*gal/ 的左右边界校齐。语素“何 *gal”独立组成了疑问词“何 *gal”。因此，一个音节/*gal/就是一个疑问词“何”。所以从句法上来看，上古汉语中的单音节疑问词本身就是一个词。在上古汉语中，一个音节对应一个词，因此双音节疑问组合在句法上就是两个词的组合。也就是说，两个音节组成一个短语。

（2）a. 音节 + 音节 = 词 + 词 = 短语（转引自冯胜利，2010：45）

b. *gal + *nja = 何 + 如 = 何如

（2b）中的单音节词“何”与单音节词“如”组成了双音节疑问组合“何如”。这类双音节疑问组合的语法性质和上古汉语中其他词类如名词构成的双音节组合一样，都是短语。Feng

① 外来词如“卡拉 OK、德谟克拉西”等都不遵守“音节语素对应律”，而且它们也和汉语中的疑问词无关，不在本书的讨论范围之内。

（1995）指出，在先秦时代，许多双音节复合名词的早期组合还是短语，例如“国家、衣裳”等。

（3）a. 人有恒言，皆曰“天下国家”。（《孟子·离娄上》）

b. 国之本在家，家之本在身。（《孟子·离娄上》）

（4）a. 东方未明，颠倒衣裳。（《诗经·齐风·东方未明》）

b. 东方未晞，颠倒裳衣。（《诗经·齐风·东方未明》）

在（3）中，双音节名词组合“国家”可以拆为“国”和“家”独立使用，说明这个结构还是一个短语，而非复合名词。在（4）中，双音节名词组合“衣裳”的前后次序可以互换，组成“裳衣”，说明双音节组合“衣裳”还没有成为复合名词，仍然是一个短语。

与之类似，在上古汉语中，双音节疑问组合既可以拆开独立使用，如（5），也可以次序互换，如（6）。

（5）a. 君曰：“栾书立吾先君，栾盈不获罪，如何？”

（《国语·晋语》）

b. 陈文子见崔武子，曰：“将如君何？”

（《左传·襄公二十三年》）

（6）a. 伤未及死，如何勿重？（《左传·僖公二十二年》）

b. 子张问：“士何如斯可谓之达矣？”（《论语·颜渊》）

双音节疑问组合“如何”既可以拆开使用，组成“如君何”，如（5b）；也可以将“如”与“何”的位置互换，组成“何如”，如（6b）。由此可知，在句法上，双音节疑问组合也是短语。

在第一章中我们讨论过，双音节疑问组合构成了一个韵律词。韵律词是韵律和构词两个层面结合的产物。它既是韵律层面的单位，也是构词层面的单位。在双音节音步的要求下出现的双音节疑问组合在韵律上也构成了一个双音节音步，实现为一个韵律词。因此，上古汉语中的双音节疑问词就呈现出在句法上是短语，在韵律上是韵律词的语法属性。

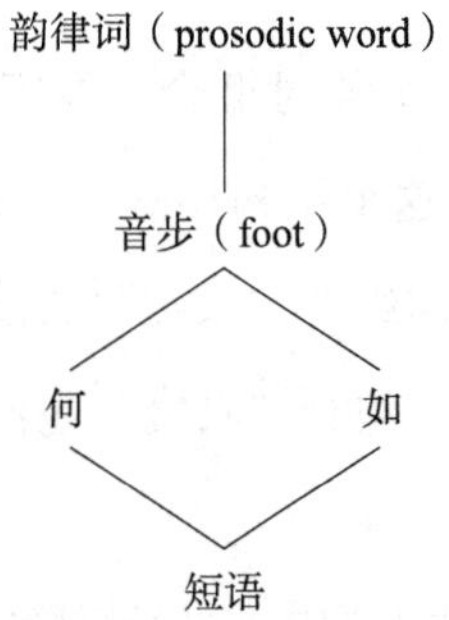

图 3–2　韵律词与句法的对应关系

综上所述，在上古汉语中单音节疑问词是一个音节词。而双音节疑问组合在韵律上是一个韵律词，构成了一个双音节音步；在句法上则是一个短语，而非复合词。在本章以下的论述中，我们把双音节疑问组合简称为双音节疑问词，但这里的疑问词是疑问韵律词的简称。

二、单双音节疑问词的韵律对立

上文已经讨论过，到了先秦时代，双音节音步逐渐取代双韵素音步。在双音节音步系统下，双音节疑问词作为一个韵律词可以独立使用，如（7）。

（7）对曰："鲁侯焉知礼！"

公曰："何为？自郊劳至于赠贿，礼无违者，何故不知？"（《左传·昭公五年》）

其中的双音节疑问词"何为"可以独立出现在句中。双音节疑问词在韵律上是强式疑问词（冯胜利，2013a）。

与之相对，在双韵素音步的韵律系统下可以独立使用的单音节疑问词，如"何 *gal"，在双音节音步的韵律系统中无法独立构成一个音步，组成韵律词。在这一韵律系统下，单音节疑问词变为"蜕化音步"（degenerate foot，Feng，1995），在音步要求的句法位置上，它只能和其他句法成分组合成一个双音节结构，才能合法存在。在先秦时代，单音节疑问词在韵律上都是弱读形式，在韵律上比单音节动词轻（Feng，1995；冯胜利，2013b）。

这可以从几个方面得到印证。

首先，先秦时代汉语已经是 SVO 型语言，句子在韵律上表现为前轻后重（Liberman & Prince，1977；Feng，1995；Zubizarreta，1998；等等）。当单音节疑问词充当动词宾语时，疑问词总是在动词的前边，不在句末，说明单音节疑问词不是全句最凸显的成分，不能承担重音。线性序列上出现在句末的动词是韵律上最凸显的成分。单音节疑问词是弱读形式，在韵律上比动词轻。

（8）我退而楚还，我将何求？（《左传·僖公二十八年》）

宾语"何"出现在"求"前边，说明"何"比动词"求"轻。

其次，到了魏晋时代，"何 +N"可以出现在动词的后边，成为韵律上最凸显的成分。

（9）今欲返国，由何道也？（康僧会《六度集经》卷六上）

“何道”出现在动词“由”后边，韵律上最凸显。这反过来说明，在上古汉语中只能出现在动词之前的单音节疑问词“何”是韵律上的弱读成分，比动词轻。

再次，在上古汉语中，单音节疑问词“何”可以和否定词“不”组成合音合义词“盍”。

（10）盍各言尔志？（《论语·公冶长》）

盍＝何＋不

这种语法操作在合音前会经历音节简化的过程。这也说明上古汉语中单音节疑问词在韵律上是弱读成分。

最后，魏晋以后出现了双音节疑问词，如“何物”。“何物”做动词宾语时都是出现在动词后边。

（11）是卿何物？（《世说新语·言语》）

双音节疑问词“何物”出现在动词“是”的后边，在韵律上比“是”重。这和单音节疑问词“何”出现在动词“求”之前形成对立。这也说明，上古汉语中单音节疑问词是韵律上的弱读形式。

综上所述，当双音节音步取代双韵素音步成为汉语的音步类型后，上古汉语中的单音节疑问词在韵律上是弱读形式，比单音节动词轻。和单音节疑问词相比，双音节疑问词是韵律上的强形式。

三、单双音节疑问词的句法分布

Feng（1995）指出，和现代汉语的疑问词（Huang，1982；Cheng，1991；Aoun & Li，1993；Tsai，1994；等等）一样，上古汉语中的疑问词没有进行显性句法移位（overt wh-movement），疑问词都出现在“范畴句位”（categorical position，冯胜利，1994），即疑问词占据与词类对应的句法位置，如（12）～（17）。

（12）齐侯曰：“岂不谷是为？先君之好是继。与不谷同好，如何？”（《左传·僖公四年》）（谓语）

（13）朕又何知？（《庄子·在宥》）（宾语）

（14）曰：“敢问国君欲养君子，如何斯可谓养矣？”
曰：“以君命将之，再拜稽首而受。”
（《孟子·万章下》）（内状语）

（15）公曰：“何贵？何贱？”故对曰：“踊贵，履贱。”
（《左传·昭公三年》）（主语）

（16）从者见之。出曰：“二三子何患于丧乎？”
（《论语·八佾》）（外状语）

（17）王之论臣，何如人哉？（《战国策·燕策一》）（定语）

对应不同词类范畴的疑问词分别占据不同的句法位置。它们并没有统一占据句法上固定的疑问词的位置，没有统一出现在标句短语（complementizier phrase）层面。

列入本章研究范围的31个疑问词（见表3–1）占据不同的句法位置，它们的句法分布如表3–2所示：

表 3–2 论元位置与非论元位置疑问词句法分布表

		音节数	先秦	两汉
论元位置	主语	单音节	谁 孰 何 畴	谁 孰 何
		双音节		何所 何等
	宾语	单音节	谁 何 安 奚 恶 胡 曷（害）	何 安 奚 曷 胡
		双音节[①]		何所 何等 如何 几所
非论元位置	状语	单音节	安 恶 焉 奚 何 曷（害） 胡（遐） 阖	何 胡 奚 盍 曷 安 恶 焉
		双音节	何若 奚若 如何 若何 奈何 何以 何故 云何 如台 何如 奚如	何故 何以 奈何 云何 如何 若何 何如 奚如 何若
		三音节	若之何 如之何	
	谓语	双音节	如何 如台 几何 何如 奚如 何若 奚若 若何 奈何	奈何 何如 奚如 若何 几何 云何 何若 如何
		三音节	何为 若之何 如之何	若之何 如之何
	定语	单音节	谁 何 曷 奚 几	何 安 几
		双音节	几何 何如 奚如 何若 奚若	何等 何如 奚如 几何 何若

① 上古汉语中的双音节疑问词“谁人、谁何、焉所”仅在战国晚期有零星用例，且它们在使用上也受到限制，详见下文的具体讨论。

先秦时代疑问词的句法分布可以总结如下：

① 主语位置只有单音节疑问词，如“孰、何”。

② 宾语位置只有单音节疑问词，如“安、何”。

③ 定语位置既有单音节疑问词，也有双音节疑问词，如“谁、何如”。

④ 谓语位置只有双音节和三音节疑问词，如“几何、若之何”。

⑤ 内状语位置只有双音节和三音节疑问词，如“若何、如之何”。

⑥ 外状语位置既有单音节也有非单音节疑问词，如“何、何以、如之何”。

单双音节疑问词在不同句法位置分布的对立给我们提出许多亟待解决的理论问题：

首先，为什么在先秦时代谓语和内状语位置出现的疑问词一定不能是单音节疑问词？为什么在其他句法位置可以出现单音节疑问词？

其次，为什么在先秦时代谓语、内状语和外状语位置的疑问词已经开始双音化，在这些位置已经出现了双音节疑问词，而主语和宾语位置的疑问词只能是单音节？为什么宾语位置的疑问词的双音化要到汉代才开始？为什么不同句法位置的双音化会有先后差异？为什么双音化的先后顺序不是反过来，即宾语位置的疑问词先开始双音化，谓语、内外状语位置的疑问词后出现双音化？或者为什么不是所有位置的疑问词同时开始双音化？

本章认为，上述问题的核心是韵律。这是在双音节音步的韵律系统下，焦点重音和核心重音相互作用的结果。焦点重音和核心重音二者互相作用，导致在不同句法位置的疑问词的双音化出现了先后差异，单双音节疑问词的句法分布也产生了对立。

第三节　焦点重音与核心重音共同作用下的疑问词双音化

本书立足 Liberman & Prince（1977）和 Feng（1995）的研究，认为上古汉语中疑问词双音化及双音化过程中出现的单双音节疑问词在句法位置上的对立，是焦点重音与核心重音共同作用的结果。在双音节音步的韵律系统下，焦点重音迫使单音节疑问词和其他成分组合为双音节音步。但是如果双音节疑问词出现在论元位置，它们和单音节谓语组成的结构违反了前轻后重的核心重音要求，导致论元位置的疑问词在先秦时代没有完成双音化。直到疑问句的线性语序变为 SVO，论元位置的疑问词出现在动词后，才开始出现双音节疑问词。

一、上古汉语疑问词承担焦点重音

冯胜利（1994）指出，“凡需音步者，均需双音节”。也就是说，如果韵律上不需要单音节词构成音步，那么单音节词不必构成双音节。是什么因素要求单音节词需要去组成音步呢？我们认为，在上古汉语的疑问句中，正是焦点重音迫使作为疑问句语义焦点的疑问词组成音步，以满足韵律上凸显的要求。

Rochemont（1986）指出，句中的焦点可以分为以下四种类型（引自冯胜利，2010：133）：词汇焦点（lexical focus）、结构焦点（structural focus）、狭域焦点（narrow scope focus）、广域焦点（wide scope focus）。

疑问焦点属于狭域焦点，全句的语义焦点落在疑问成分上。例如（引自朱德熙，1982：89）：

（18）他叫什么绊了一跤？

（18）中的疑问词“什么”是全句的语义焦点。研究表明，焦点和重音密切相关。根据Jackendoff（1972）的焦点-重音原则，焦点重音是全句中韵律最凸显的位置（F must contain the strongest stress in the sentence）。Gussenhoven（1983）、Zubizarreta（1998）、Reinhart（2006）、Truckenbrodt（2013）等研究也表明，焦点和重音具有一致性，焦点成分是全句韵律上最凸显的成分。

在上古汉语中，疑问成分作为疑问句的语义焦点，同样承担焦点重音。首先，本书第二章已经指出，在双韵素音步的韵律系统下，单音节疑问词可以独立构成双韵素音步，如“何 *gal”。单音节疑问词作为全句的语义焦点，承担焦点重音。如果疑问词本身不能构成双韵素音步，那么它无法承担焦点重音，在句法上会受到许多限制。例如“何 *gal”的弱化式“胡 *ga”只包含一个韵素，不能独立构成双韵素音步，无法承担焦点重音，因此韵律制约了“胡 *ga”的句法分布，“胡 *ga”在使用上大大受限。

其次，随着双音节音步的韵律系统逐步建立，单音节疑问词无法独立构成双音节音步。在双音节音步的时代，单音节成为蜕化音步，属于韵律上的弱读形式（Feng，1995）。例如：

（19）盍各言尔志？（《论语·公冶长》）

盍＝何＋不

弱读形式“何”和否定词“不”合为合音词“盍”。正是因为疑问词需要承担焦点重音，相对于双音节的强形式，不能组成双音节音步的单音节疑问词成为韵律上的弱读形式。

焦点重音迫使单音节疑问词和其他成分组成双音节疑问词，以构成双音节音步，满足韵律上凸显的要求。因此，作为疑问句语义焦点的疑问词由单音节疑问词逐步变为双音节疑问组合，以承担焦点重音。例如，在上古汉语的 31 个疑问词中，单音节疑问词有 13 个，单音节的比例约为 41.94%。双音节、三音节疑问词一共 18 个，比例达到 58.06%。这说明在先秦时代，双音节、三音节疑问词开始成为疑问词的主要形式。

最后，Truckenbrodt（2013）指出，如果疑问词没有进行显性移动（overt movement），那么疑问词会在它的范域（scope）内韵律凸显。Haida（2007）、Miyagawa（2010）、Truckenbrodt（2013）对英语和德语的研究也显示，即使是英语、德语这类疑问词发生移位（wh-movement）的语言，在多重疑问句中，没有发生显性移位的疑问词在它的范域内也承担焦点重音，在韵律上凸显。

（20）a. I know what she gave to **WHOM**.

b. Wer hat **WAS** gesehen?

Who has what seen

“Who saw **WHAT**?”（引自 Truckenbrodt，2013）

在（20a）中，疑问词 what 发生了显性句法移位，疑问词 whom 没有发生显性移位，承担了焦点重音，是全句中韵律最凸显的成分。在（20b）中，疑问词 was 也没有进行显性移位，同样承担了焦点重音，是全句韵律最凸显的成分。

Feng（1995）、冯胜利（2013a）指出，和现代汉语的疑问词（Huang，1982；Cheng，1991；Aoun & Li，1993；Tsai，1994；等等）一样，上古汉语中疑问词也没有发生移位，属于“疑问词原位”（wh-in-situ）的语言。上古汉语疑问句中的疑问词同样承担焦点重音。但冯胜利（2013a）也指出，现代汉语中作为焦点的疑问词一般重读，例如“谁来了？”中，“谁”是焦点，也会重读。与现代汉语不同，先秦时代的疑问词既可以作为弱读式与其他成分组合，出现在韵律凸显的位置，如“吾谁欺？”（《论语·子罕》）中的“谁”；也可以直接重读，例如“王之论臣，何如人哉？”（《战国策·燕策一》）中的疑问词“何如”。

此外，疑问词承担焦点重音，成为全句韵律上最凸显的成分的特点也在其他语言中得到证实。除了上文提到的英语和德语，其他语言如日语和土耳其语也有类似的现象。Ishihara（2003）、Göksel & Kerslake（2005）的研究指出，在属于“疑问词原位”的日语和土耳其语中，没有发生显性移位的疑问词承担全句的焦点重音，韵律上最凸显。

综上所述，在上古汉语的疑问句中，疑问词作为全句的语义焦点，需要承担焦点重音。正是在焦点重音的要求下，单音节疑问词变为双音节疑问词以组成双音节音步，承担焦点重音。

二、焦点重音的指派

下面我们将讨论焦点重音的指派过程。研究指出，焦点重音并不是直接指派给句中的语义焦点成分，而是在完成了核心重音指派之后根据语义焦点的情况指派的（Liberman & Prince，1977；Feng，1995；Zubizarreta，1998；Truckenbrodt，2013；等等）。按照Jackendoff（1972）的焦点重音原则，获得焦点重音的成分成为全句韵律最凸显的位置。它抑制了核心重音的作用。

在第一章中我们详细讨论过核心重音的指派。但如果不是以全句作为一个完整的信息体，而是句中的某个成分作为全句的语义焦点，那么这个焦点成分需要承担焦点重音。按照Jackendoff（1972）的焦点重音原则，焦点重音是全句中韵律最凸显的位置。焦点重音和核心重音的关系是："核心重音是最基本的，是每个句子都离不开的，在核心重音之上可加其他重音，加上后会抑制核心重音的作用。"（冯胜利，2013a：130）焦点重音是在全句按照核心重音原则指派完成之后，对全句的韵律结构进行的调整，在全句韵律结构中最高的层级上，承担焦点重音的成分最凸显。而全句中非焦点部分的语法成分，仍然遵守核心重音原则。例如（引自 Hogg & McCully，1987：72）：

（21）Fred sold the book to Mary.

如果"Fred sold the book to Mary."中的Fred成为全句的语义焦点，承担全句的焦点重音，那么"Fred sold the book to Mary."的韵律结构如图 3–3 所示：

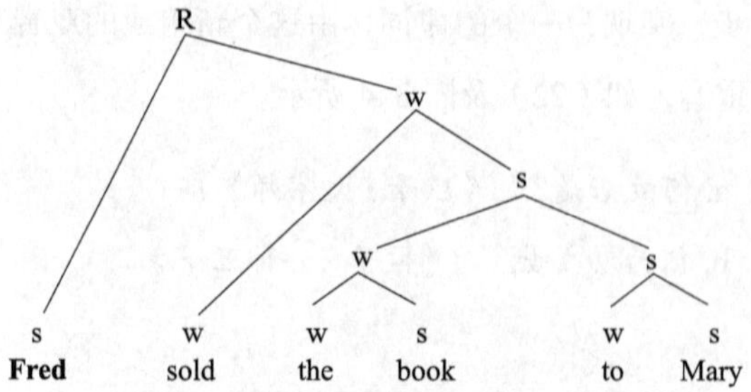

图 3–3 以 Fred 作为焦点的重音指派

Fred 成为全句韵律最凸显的成分，并没有改变名词短语内部 book 比 the 重的韵律结构，也没有改变介词短语“to Mary”比名词短语“the book”重的韵律结构。焦点重音会在全句韵律的最高层面压制核心重音，使语义焦点成为全句韵律最凸显的成分，而不是按照核心重音原则使句末成为韵律最凸显的位置。但是在非焦点部分，局部句法的韵律结构仍然遵守核心重音原则。焦点重音与核心重音在不同韵律层级中的相互作用，使得上古汉语中单双音节疑问词在不同的句法位置呈现出对立。

三、上古汉语单双音节疑问词的对立分布

在上古汉语中，疑问词作为全句的语义焦点，需要承担全句的焦点重音。但是在双音节音步的韵律系统下，单音节疑问词是韵律上的弱读成分，不能独立构成双音节音步，无法独立承担全句的焦点重音，不能作为全句韵律上最凸显的成分。这就产生了矛盾：一方面疑问词需要承担焦点重音，另一方面疑问词不能承担焦点重音。

为了解决这一矛盾，疑问词必须和句中相邻的其他成分组成

双音节音步，实现为一个韵律词，由这个新组成的双音节韵律词承担焦点重音，如（22）及图 3–4 所示。

（22）a. <u>何故</u>若是？（《庄子·大宗师》）

b. <u>何为</u>劝之哉？（《孟子·公孙丑下》）

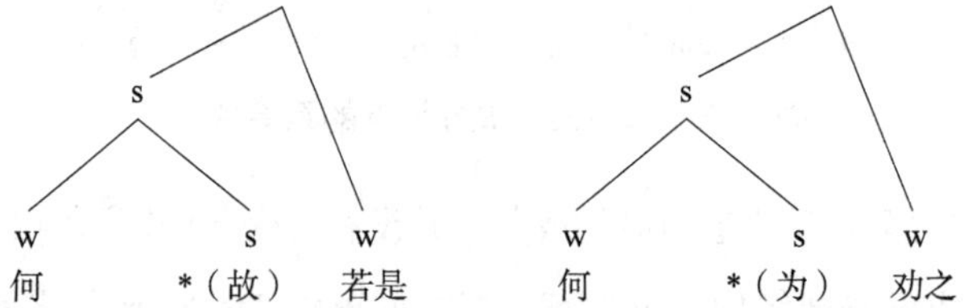

图 3–4 “何故若是”与“何为劝之”的韵律结构

从语义上来看，单音节疑问词“何”与双音节疑问词“何故、何为”意义相同。但是如果只用单音节疑问词“何”，在双音节音步的韵律系统下，单音节疑问词“何”是弱读成分，无法独立构成双音节音步，承担焦点重音。因此，单音节疑问词“何”一定要组成双音节韵律词“何故、何为”才能满足承担焦点重音且在韵律上最凸显的韵律要求。

如果深入韵律词“何故、何为”内部，我们又会发现，在韵律词内部，它们仍然遵守核心重音原则。双音节疑问韵律词在句法上是短语，不是复合词。因此，在双音节疑问词内部要按照核心重音原则指派重音。同时疑问词本身是韵律上的弱读成分，不能承担重音。因此，按照核心重音的指派原则（Liberman & Prince，1977），在名词短语 [$_{NP}$ 何故] 和介词短语 [$_{PP}$ 何为] 中，名词“故”和介词“为”承担核心重音，比它们的姊妹节点“何”重。

第四节　论元位置疑问词的双音化

本节将具体讨论焦点重音和核心重音的相互作用导致的单双音节疑问词在不同句法位置出现的对立。在上古汉语中，单双音节疑问词在不同的句法位置存在对立。我们认为，正是在焦点重音和核心重音的促发下，单音节疑问词才变为双音节疑问词。出现在论元位置的单音节疑问词已经满足了焦点重音和核心重音的要求，因此在论元位置的单音节疑问词没有双音化。

一、疑问词做宾语

根据 Feng（1995）、冯胜利（2013a）的研究，在先秦时代，出现在动词前的疑问宾语都是单音节疑问词。在我们讨论的上古汉语的 31 个疑问词中，出现在宾语位置的单音节疑问词有 7 个，分别为："谁、何、安、奚、恶、胡、曷（害）"。

（23）朕又何知？（《庄子·在宥》）

在句法上，单音节疑问词作为附着成分，附着在句末动词上，和动词共同占据动词的核心 V^0。在韵律结构上，疑问词与动词组成了双音节音步。

和做谓语、内状语、外状语的疑问词一样，在单一焦点句中，做宾语的疑问词也是全句的语义焦点，承担全句的焦点重音。按照 Jackendoff（1972）的焦点重音原则，疑问宾语是全句韵律上最凸显的成分，作为宾语的疑问词也应当是韵律上的强形式。但是出现在宾语位置的疑问词，只有单音节形式。既然疑问词要承担全句的焦点重音，为什么会使用单音节弱读形式的疑问词作为宾语呢？

对于疑问宾语来说，在词库中存在单音节疑问词，但是在韵律上禁止由单音节弱读形式承担全句焦点。不同于作为谓语的疑问词自己双音化发展为双音节、三音节的强形式，单音节疑问宾语（如“何”）同句末的单音节动词组成了双音节音步的韵律词。这个韵律词可以承担焦点重音，因此在先秦时代，单音节疑问词宾语没有发生双音化。如图 3–5 所示：

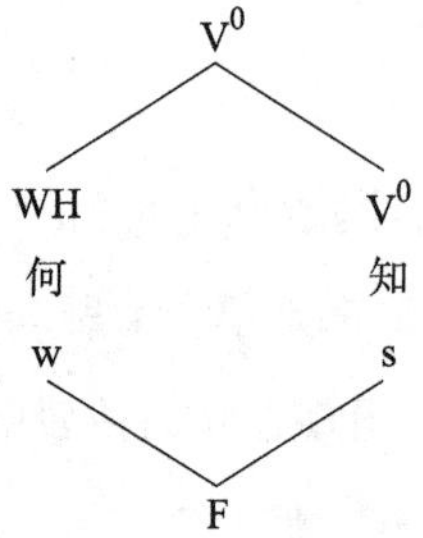

图 3–5 “何知”的韵律结构

核心重音指派阶段和焦点重音指派阶段“朕又何知”的韵律结构如图 3–6 所示。核心重音在动词短语 $[_{VP}$ 何知 $]$ 内指派，指派给了动词“知”。在更高的韵律层级中，核心重音在韵律词“何知”和其他韵律节点如“又”之间进行指派。最后，韵律词“何知”成为全句韵律最凸显的成分。到了焦点重音指派阶段，疑问词“何”是全句的语义焦点。焦点重音指派给由疑问词“何”与动词“知”组成的韵律词“何知”。虽然“何”是韵律上的弱读成分，但是韵律词“何知”可以作为一个韵律节点承担全句的焦点重音。因此，单音节疑问词“何”虽然没有双音化，但它仍然可以满足焦点重音的韵律要求。

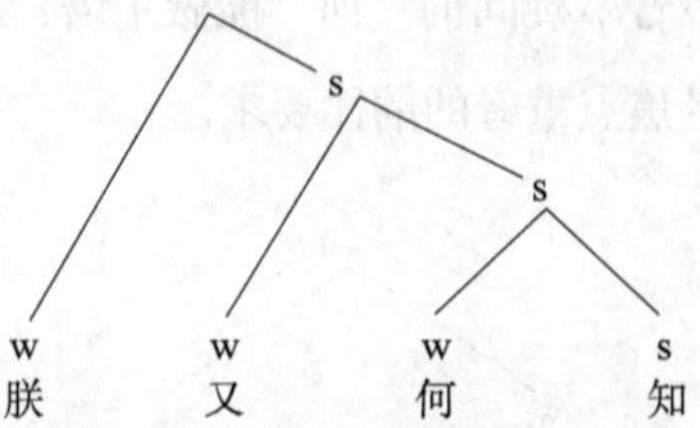

图 3–6 “朕又何知”核心重音和焦点重音的指派

二、疑问词做主语

在我们调查的上古汉语的 31 个疑问词中，在先秦时代做主语的疑问词都是单音节，一共有 3 个：“谁、何、孰”。我们认为，作为主语的疑问词和疑问宾语相似，同样缺乏发生双音化的韵律动因。它们在先秦时代没有发生双音化，是因为它们和紧邻的其他句法成分组成了双音节韵律词。这个韵律词可以独立承担焦点重音，也满足了核心重音的要求，因此在先秦时代，主语位置上的疑问词可以以单音节弱读形式存在。

（24）公曰：“何贵？何贱？”

……故对曰：“踊贵，履贱。”（《左传·昭公三年》）

在核心重音指派阶段，图 3–7 中的疑问词主语“何”和谓语“贵”组成了双音节韵律词“何贵”。核心重音在短语 [何贵] 中指派。因为“何”是弱读形式，不能承担重音，因此重音指派给了“贵”。在焦点重音指派阶段，作为语义焦点，单音节“何”需要承担焦点重音。但是弱读形式“何”无法独立承担焦点重音，它必须和“贵”组成韵律词“何贵”以承担全句的焦点重音。因此在先秦时代，单音节疑问词“何”能做主语，虽然没有双音化，但它仍然可以满足焦点重音的韵律要求。

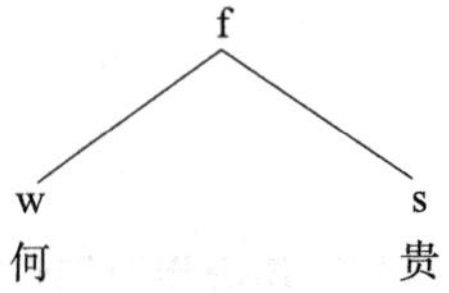

图 3–7 “何贵”的韵律结构

综上所述，在上古汉语中，主语位置的单音节疑问词虽然没有双音化，但是仍然能满足焦点重音和核心重音的要求。所以主语位置的单音节疑问词缺乏发生双音化的韵律动因，导致它在上古汉语中没有发生双音化。

第五节 非论元位置疑问词的双音化

一、疑问词做谓语

在我们统计的上古汉语的 31 个疑问词中，出现在谓语的疑问词有 13 个。上古汉语中充当谓语的疑问词主要是双音节或三音节的韵律非轻读形式，如“云何、如台、何为、几何、何如、奚如、何若、奚若、如何、若何、奈何、如之何、奈之何”。

从句法上来看，在底层结构中，这些疑问词都位于结果短语（RP）的补述语（complement）的位置，受结果短语的核心 R 直接管控。根据 Huang（1988）、蔡维天（2008）的研究，汉语中谓语对应的是 Rochamnd（2003）的“结果事件”。在语义上作为谓语的疑问词，询问的是后果或结束状态。如图 3–8 所示：

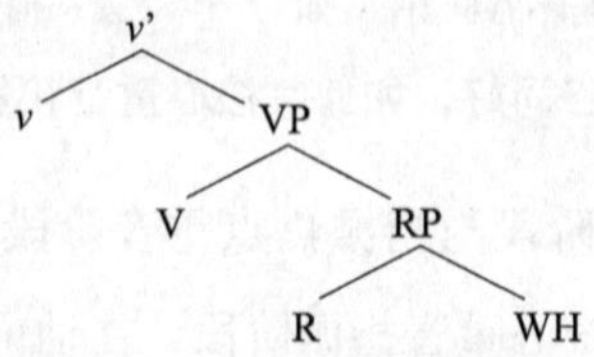

图 3–8　谓语的句法结构

（25）a. 先君之好是继。与不谷同好，如何？

（《左传·僖公四年》）

b. * 与不谷同好，何？①

（25a）中的疑问词“如何”占据了结果短语的补述语位置，询问的是事件“与不谷同好”的结果成功还是失败。

从表层结构来看，结果短语位于全句句末。如第三节所述，作为谓语的疑问词需要经过核心重音指派和焦点重音指派两个阶段。按照 Liberman & Prince（1977）的核心重音原则，作为谓语的疑问词出现在句末需要承担核心重音。同时，疑问词作为全句的语义焦点，自身也要组成双音节音步以承担焦点重音。按照 Jackendoff（1972）的焦点重音原则，焦点重音是全句中韵律最凸显的位置。如图 3–9 所示：

① 这里的“*”表示该句不合法。如果我们在已有的上古汉语文献中找不到这样的用例，我们认为这种结构在语法上不成立。另外，单音节“何”在下面的句子中可以表示“怎么样”，但不能独立做谓语，如“叔伯曰：‘子若国何？’对曰：‘吾以靖国也。’”（《左传·僖公二十三年》）。

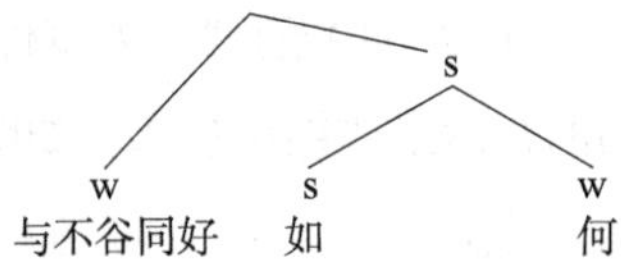

图 3–9 “与不谷同好，如何”核心重音和焦点重音的指派

指派核心重音阶段与指派焦点重音阶段的全句的韵律结构如图 3–9 所示。在核心重音指派阶段，在动词短语 [$_{VP}$ 如何] 中，核心重音落在前边的“如”上，而非句末的“何”上。这是因为与单音节名词相比，单音节疑问词“何”在韵律上是弱读成分，不能独自承担核心重音。在指派核心重音的时候，如果语法成分本身为不能独自承载核心重音的弱读成分，那么重音需要指派给它的姊妹节点。Zubizarreta（1998）把这类成分称为韵律上的“隐形成分”。这些韵律隐形成分的存在和核心重音要求前轻后重 [w s] 的一般要求并不冲突（Hogg & McCully，1987；Zubizarreta，1998；冯胜利，2000 等）。因此当核心重音在动词短语“如何”内指派时，疑问词“何”不能承担核心重音，核心重音需要落在能够承担重音的动词“如”上。当核心重音在“与不谷同好”和“如何”两个韵律节点之间指派时，核心重音落在句末的韵律词“如何”上。“如何”作为韵律节点承担全句的核心重音。在核心重音指派的阶段，“如何”成为全句韵律最凸显的成分。

在焦点重音指派阶段，正如 Jackendoff（1972）所言，承担焦点重音的成分必须在全句韵律结构中最凸显。谓语位置的疑问词“何”作为全句的语义焦点，需要承担焦点重音。但是在双音节韵律系统下，单音节疑问词“何”是一个蜕化音步，不能独自承担全句的焦点重音，必须组成一个双音节韵律词才能承担焦点重音。因此焦点重音落在动词短语“如何”组成的韵律节点上，而非落到位于“如何”内部、整个韵律结构终端（terminal）的韵律节点疑问词“何”上。

作为谓语的疑问词总是出现在线性序列中全句的句末位置，无论是焦点重音指派阶段还是核心重音指派阶段，疑问词所在的位置都是全句韵律最凸显的位置。因此在先秦时代，作为谓语的疑问词已经开始双音化，出现在谓语的疑问词都是双音节或三音节强形式疑问词，而作为弱读成分的单音节疑问词一定不能出现在谓语的位置。

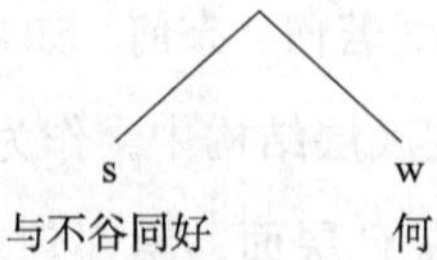

图 3–10　“与不谷同好，何”的韵律结构

单音节“何”作为谓语，出现在全句句末。在核心重音指派阶段，终端韵律节点“何”是弱读成分，没有其他成分可以作为它的姊妹节点，和它共同组成核心重音的范域从而进行核心重音的指派。当核心重音在“何”与“与不谷同好”两个韵律节点之间进行指派的时候，核心重音落在节点“与不谷同好”上，而非句末的疑问词“何”上。在焦点重音的指派阶段，作为全句的语义焦点，单音节疑问词“何”本应是全句韵律最凸显的成分，但它是韵律上的弱读成分，不能独自构成双音节音步承担焦点重音，这与韵律上要求它最凸显矛盾。因此在先秦时代，单音节疑问词不能独自出现在谓语的位置。

（26）* $WH_{\sigma} \rightarrow WH_{\sigma\sigma}$ / [$_{RP}$……WH]

综上所述，由于焦点重音和核心重音的要求，在句末充当谓语的疑问词在先秦时代已经出现双音节的强形式，开始“双音化”。单音节的疑问词不能独自出现在句末来充当谓语。

二、疑问词做内状语

根据蔡维天（2008）的研究，状语可以进一步细分为内状语和外状语两类。在我们统计的上古汉语的 31 个疑问词中，出现在内状语位置的疑问词有 7 个，都是双音节或三音节强形式，包括:“何如、奚如、如何、若何、奈何、如之何、奈之何”。

从句法上来看，在底层结构中，作为内状语的疑问词都位于轻动词短语之内，在 *v*' 层面，紧邻句末的动词短语 VP。根据蔡维天（2008）的研究，汉语中的内状语对应的是 Rochamnd（2003）所说的“过程事件”。做内状语的疑问词，在语义上询问的是过程、途径、工具、样貌、方法和目的。

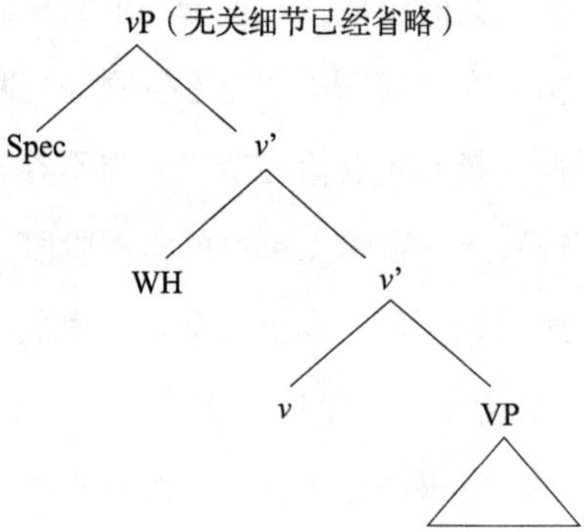

图 3–11 疑问词做内状语时的句法结构

（27）a.　故法术之士奚道得进？而人主奚时得悟乎？

（《韩非子·孤愤》）

b.*　而人主奚得悟乎？

（27）中的双音节疑问词“奚时”询问的是事件“人主得悟”发生的时间。

从表层结构来看，首先，在核心重音指派阶段，疑问词“奚”作为弱读成分，不能承担核心重音，在名词短语 [$_{NP}$ 奚时] 中，名词“时”承担核心重音，比疑问词“奚”重。

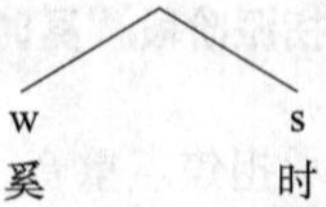

图 3–12　“奚时”的韵律结构

其次，内状语“奚时”紧邻句末动词短语“得悟”。在核心重音指派阶段，作为句末最后一个短语，按照 Liberman & Prince（1977）的核心重音原则，“得悟”是全句韵律上最凸显的成分，“奚时”比“得悟”轻。

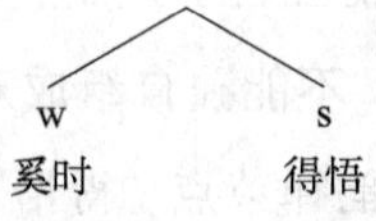

图 3–13　核心重音指派阶段“奚时得悟”的韵律结构

到了焦点重音指派阶段，“而人主奚时得悟乎”中的“奚时”是全句的语义焦点，需承担焦点重音。按照 Jackendoff（1972）的焦点重音原则，“奚”应是全句韵律最凸显的成分。但是在双音节韵律系统下，单音节疑问词“奚”是一个蜕化音步，不能独自承担全句的焦点重音，疑问词必须组成一个双音节韵律词才能承担焦点重音。因此焦点重音落到名词短语“奚时”所在的韵律节点上，而非落到位于“奚时”内部、整个韵律结构终端的疑问词“奚”上。这样，“奚时”成为韵律上最凸显的成分。

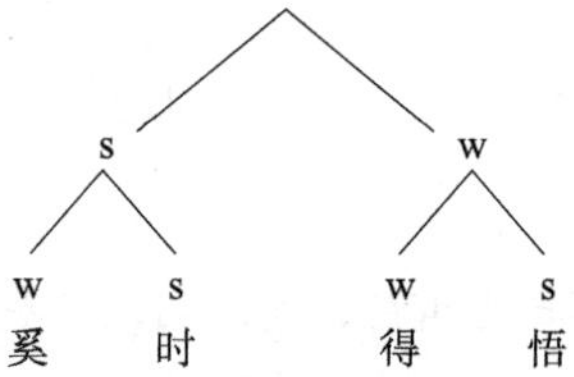

图 3–14 焦点重音指派阶段“奚时得悟”的韵律结构

这里内状语“奚时”承担焦点重音，韵律最凸显。按照 Feng（1995）、冯胜利（2013a）的观点，疑问词必须组成强形式才能承担焦点重音。因此，出现在内状语位置的疑问词都是双音节或三音节强形式。

如果单音节弱读形式疑问词出现在内状语位置，那么整个句子在焦点重音指派阶段不合法。首先，如果单音节疑问词“奚”出现在内状语位置，它需独自承担焦点重音。但单音节疑问词“奚”是一个蜕化音步，不能独自组成双音节音步承担焦点重音。其次，和同层级的韵律节点“得悟”相比，承担焦点重音的“奚”是单音节，而非焦点成分“得悟”是双音节。韵律上本应最凸显的成分反而比非焦点成分轻，这也违背了 Jackendoff（1972）“承担焦点重音的成分应该在韵律上最凸显”的要求。因此，单音节疑问词不能出现在内状语位置。在紧邻句末动词短语的位置，为了使焦点重音比核心重音更加凸显，韵律上禁止单音节疑问词出现在内状语位置。

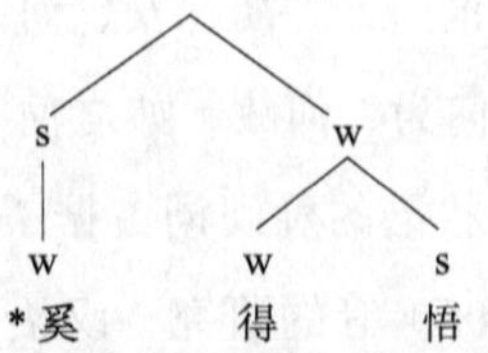

图 3–15 "奚时得悟"省略"时"后的韵律结构

而且，为了使疑问词在韵律上更加凸显，在作为内状语的疑问词和动词之间还常常插入句中语气词。

（28）曰："敢问国君欲养君子，如何斯可谓养矣？"

（《孟子·万章下》）

这里内状语"如何"与句末动词短语"可谓养"之间插入了句中语气词"斯"。语气词"斯"占据了停顿的位置，强调"斯"前面的"如何"。冯胜利（2010）指出，加入虚词可以加重虚词前成分的语气，使它在韵律上更加凸显。因此，在作为内状语的疑问词之后加入虚词，可以使表层结构中位于"斯"之前的双音节疑问词"如何"在韵律上比动词短语"可谓养"更加凸显。所以在先秦时代，作为内状语的疑问词都是双音节或三音节强形式疑问词。单音节疑问词一定不能出现在内状语的位置，承担焦点重音。

（29）$*WH_{\sigma} \rightarrow WH_{\sigma\sigma} / [_{v'} \cdots\cdots WH [VP]]$

三、疑问词做外状语

在我们统计的上古汉语的 31 个疑问词中，出现在外状语位置的疑问词有 16 个。在先秦时代，出现在外状语位置的疑问词既可以是单音节疑问词，如“胡、安、何”，也可以是双音节及三音节疑问词，如“何为、何故、如之何”。从句法上来看，在底层结构中，作为外状语的疑问词占据了屈折短语的附加语位置。根据蔡维天（2008）等的研究，汉语中的外状语对应的是 Rochamnd（2003）所说的“前因事件”。做外状语的疑问词，在语义上询问的是事件的原因。例如：

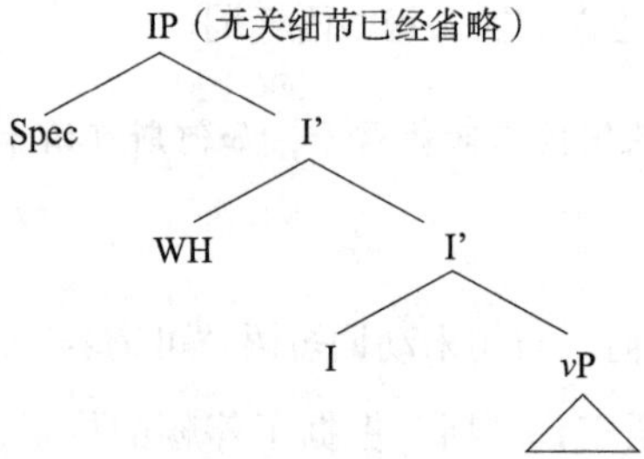

图 3–16 疑问词做外状语的句法结构

（30）子大叔曰：“若何吊也？其非唯我贺，将天下实贺。”（《左传·昭公八年》）

（31）从者见之。出曰：“二三子何患于丧乎？”（《论语·八佾》）

这里双音节强形式“若何”与单音节弱读形式“何”都可以出现在外状语位置，占据屈折短语的附加语位置。（30）中的状语“若何”询问的是事件“吊”的原因。（31）中的状语“何”询问的是事件“二三子患于丧”的原因。

和做内状语的疑问词一样，做外状语的疑问词也是全句的语义焦点。在核心重音指派阶段，疑问词“何”作为弱读成分，不能承担核心重音，在动词短语 [$_{VP}$ 若何] 中，动词“若”承担核心重音，比疑问词“何”重。如图 3–17 所示：

图 3–17 “若何”的韵律结构

在更高的韵律层级上，外状语“若何”紧邻句末短语“吊也”。在核心重音指派阶段，作为句末最后一个短语，按照 Liberman & Prince（1977）的核心重音原则，“吊也”是全句韵律上最凸显的成分，“若何”比“吊也”轻。

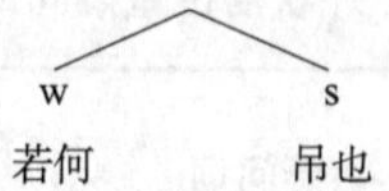

图 3–18 核心重音指派阶段“若何吊也”的韵律结构

到了焦点重音指派阶段，疑问词“若何”是全句的语义焦点，需要承担焦点重音。按照 Jackendoff（1972）的焦点重音原则，疑问词“何”应该是全句韵律最凸显的成分。可是，在双音节韵律系统下，单音节疑问词“若”是弱读形式，不能独自承担全句的焦点重音，必须组成一个双音节才能满足焦点重音的要求。因此焦点重音落在动词短语“若何”所在的韵律节点上，而非落到整个韵律结构终端的韵律节点疑问词“何”上。这样，韵律词“若何”就是全句“若何吊也”中韵律上最凸显的成分。

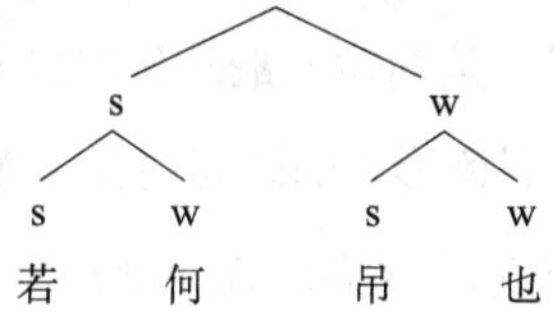

图 3–19 焦点重音指派阶段“若何吊也”的韵律结构

这里我们看到，外状语“若何”承担了焦点重音，成为全句韵律最凸显的成分。根据 Feng（1995）、冯胜利（2013a）的研究，疑问词必须组成强形式才能承担焦点重音。因此出现在外状语位置的疑问词也应当与作为谓语和内状语的疑问词一样，都是韵律上的双音节强形式疑问词。但在先秦时代，出现在外状语位置的疑问词，既有单音节的弱读形式，也有双音节的强形式。在本章讨论的 31 个疑问词中，可以出现在外状语位置的疑问词分布如下：

表 3–3 外状语位置疑问词的分布

音节数	疑问词	个数	所占比例
单音节	安 恶 胡 何 焉 奚	6	37.5%
非单音节	何若 奚若 如何 若何 奈何 若之何 如之何 何以 何为 何故	10	62.5%
合计		16	100%

虽然出现在外状语位置的疑问词开始双音化，可以出现在外状语位置的非单音节疑问词有 10 个；但同时外状语位置也允准出现单音节疑问词，共 6 个，占出现在外状语位置的疑问词总比例的 37.5%。既然作为外状语的疑问词是全句的疑问焦点，需要承担全句的焦点重音，是韵律上最凸显的成分，那么为什么外状语位置还允准单音节弱读形式的疑问词存在呢？

我们认为，虽然在外状语位置允准部分单音节疑问词存在，但和双音节疑问词相比，它们在使用上大大受限。

首先，单音节弱读形式的疑问词虽然存在，但它们和双音节强形式疑问词在某些韵律条件下常常形成互补分布。

如果外状语疑问词统制的句法成分移出了疑问词统制的范域，或者说外状语疑问词统制的句法成分发生了省略（ellipsis），那么在表层结构中，作为外状语的疑问词就出现在全句的句末位置。

（32）a. 对曰："鲁侯焉知礼！"

公曰："何为？自郊劳至于赠贿，礼无违者，何故不知？"（《左传·昭公五年》）

b. 以孔丘语寡人者众矣，俱以为贤人也。今寡人问之，而子不对，何*（也）？（《墨子·非儒下》）

当疑问外状语出现在句末的时候，单音节疑问词一定要和句末语气词组合成一个双音节韵律词，才能合法地出现在这个位置。而双音节或三音节疑问词出现在句末的位置时，它们的后面既可以出现句末语气词，也可以不出现句末语气词。在这个位置，单音节弱读形式和双音节强形式形成了对立。

在（32）中，疑问外状语"何为、何"出现在全句句末。在核心重音指派阶段，按照 Liberman & Prince（1977）的核心重音原则，位于句末的疑问词需要承担核心重音，成为全句韵律上最凸显的成分。在焦点重音指派阶段，作为疑问句中的语义焦点，疑问词自身也要承担焦点重音（Jackendoff，1972），出现在全句中韵律最凸显的位置。

作为韵律上的非轻读形式，无论是在核心重音指派阶段还是焦点重音指派阶段，双音节韵律词"何为"都可以作为一个韵律节点，成为全句中韵律上最凸显的成分，不需要句末语气词帮助加强语气。但（32b）中的单音节弱读形式“何”一定要和句末语气词“也”组成双音节音步“何也”，才能出现在句末。在先秦时代，位于句末位置的单音节外状语“何”后的句末语气词必须出现。如果句末语气词“也”没有出现，单音节弱读形式“何”不能独自出现在句末位置，否则全句非法。

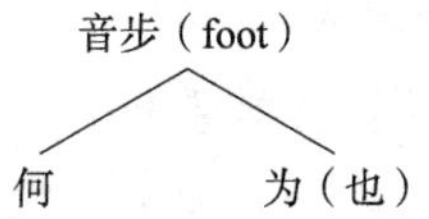

图 3–20 “何为”后的句末语气词可有可无

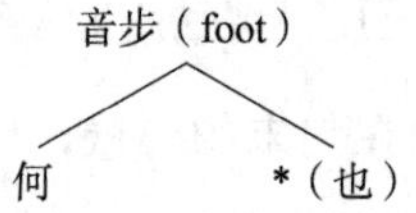

图 3–21 “何”后的句末语气词不能缺少

因为，在核心重音指派的阶段，终端韵律节点“何”是弱读成分，如果句末语气词“也”不出现，没有其他成分可以作为它的姊妹节点，和它共同组成核心重音的范域，从而进行核心重音的指派。弱读成分“何”不能承担重音，但是核心重音按照核心重音原则直接落在句末的单音节“何”上。而且单音节疑问词“何”独自承担核心重音，也违背了二分枝的原则。因此全句不合法。另外，在焦点重音的指派阶段，作为全句的语义焦点，疑问词“何”应该是全句韵律上最凸显的成分。但单音节疑问词“何”在韵律上是弱读成分，也不能独自构成双音节韵律词承担焦点重音，这与韵律上要求它最凸显矛盾。因此在先秦时代，单音节弱读形式“何”不能独自出现在句末位置，一定要有句末语气词帮助它组成双音节韵律词。

尽管作为外状语的疑问词既有单音节形式也有双音节形式，但单音节和双音节形式在句末位置呈现互补分布。句末位置的双音节或三音节强形式疑问词之后的句末语气词可以出现，也可以不出现。但同样出现在句末位置的单音节弱读形式疑问词必须和句末语气词组成一个双音节音步才能合法存在。

其次，这些单音节弱读形式经常和其他句法成分组成双音节音步的韵律词，以弥补它们在韵律上的不足，保证能够它们能够承担焦点重音，成为韵律上最凸显的成分。以《左传》中的“何”为例。如表 3–4 所示（转引自何乐士，1989：274）：

表 3–4 《左传》中外状语位置疑问词“何”组成的非单音节韵律词

	何必	何敢	何能	何辱	何其	何不	何暇	何弗	何尽	何自	何劳	何独弗	何不敢	合计
合计	13	6	6	6	5	3	2	1	1	1	1	1	1	47

表 3–4 是何乐士（1989）统计的《左传》中疑问词“何”组成的所有词组及固定格式。虽然疑问词“何”是以单音节的形式占据外状语的位置，但它通过与相邻的其他句法成分组成双音节韵律词甚至三音节韵律结构，补偿了它在韵律上的不足。

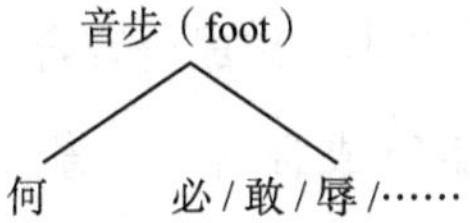

图 3–22 外状语“何”与其他词组合为韵律词

与之相对，在上古汉语中，我们却没有发现占据外状语位置的双音节疑问词像单音节疑问词这样成批地与临近的其他句法成分进一步组合的情况。双音节韵律词、三音节结构的例子反过来说明，单音节弱读形式在外状语位置不能像双音节那样自由、独立。

再次，在多焦点疑问句中，如果疑问词本身不是承载全句焦点重音的语义焦点，那么疑问外状语不需要承担焦点重音。在韵律上焦点重音没有要求疑问外状语必须凸显。这种韵律条件允准单音节弱读形式占据外状语的位置。

（33）a. 公孙丑曰："道则高矣、美矣，宜若登天然，似不可及也；何不使彼为可几及而日孳孳也？"

（《孟子·尽心上》）

b. 子思居于卫，有齐寇。或曰："寇至，盍去诸？"子思曰："如伋去，君谁与守？"（《孟子·离娄下》）

（33a）和（33b）中都有两个语义焦点，一个是疑问焦点，一个是否定焦点。与疑问焦点落在疑问成分上不同，否定句中否定词是算子（operator），否定焦点要落在否定词统制的某个句法成分上。在（33a）中，否定焦点落在否定算子"不"统制的"可几及而日孳孳"中；在（33b）中，否定焦点落在否定算子"盍"统制的"去"上。

在（33）中，单音节弱读形式"何"不仅可以占据外状语的位置，还可以和否定词"不"组成合音合义词"盍"，如（33b）。既然"何"与"不"能组成合音词"盍"，那么"何"与"不"都经历了语音弱化的阶段。既然疑问词"何"经历了语音弱化，说明在（33b）中，疑问词“何”不需要承担全句的焦点重音，不必在韵律上成为最凸显的成分。这样单音节疑问词“何”才能和否定词“不”组成合音词，而否定焦点才是全句的主焦点，即否定焦点“去”承担了全句的焦点重音。在这种韵律条件下，单音节弱读形式“何”也可以合法占据外状语位置，不必进行双音化，发展为双音节韵律词。

四、疑问词做定语

在我们统计的上古汉语的31个疑问词中，出现在定语位置的疑问词有10个。在先秦时代，作为定语的疑问词既可以是单音节弱读形式也可以是双音节强形式，如：“谁、何、曷、奚、几、何如、奚如、何若、奚若、几何”。

（34）王之论臣，何如人哉？（《战国策·燕策一》）

和外状语、谓语等位置一样，定语位置的疑问词作为全句的语义焦点也承担焦点重音。（34）中的双音节强形式“何如”出现在定语位置，承担焦点重音。

在核心重音指派阶段，名词短语“何如人”是核心重音的范域。在修饰语 [$_{VP}$ 何如] 中，疑问词“何”作为弱读成分，动词“如”在韵律上更加凸显。在名词短语 [[何如] 人] 中，按照 Liberman & Prince（1977）的核心重音原则，句末名词“人”应承担全句的核心重音，韵律上最凸显。虽然和双音节“何如”相比，“人”只有一个音节，但是借助句末语气词“哉”，整个结构没有成为前重后轻的非法韵律结构。

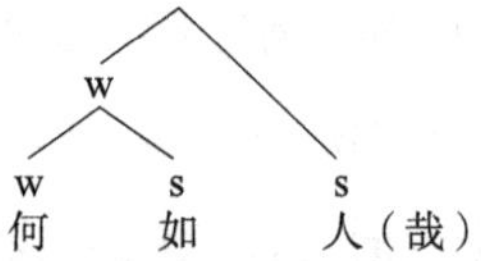

图 3–23 “何如人哉”核心重音的指派

到焦点重音指派阶段，语义焦点“何”需承担焦点重音。按照 Jackendoff（1972）的焦点重音原则，“何”在韵律上最凸显。但在双音节音步的韵律系统下，单音节“何”只能组成蜕化音步，不能独自承担全句的焦点重音，即“何”必须与“如”组成双音节韵律词才能承担焦点重音。因此，焦点重音落在韵律词“何如”的韵律节点上，而非落到疑问词“何”上。这样，“何如”成为韵律上最凸显的成分。

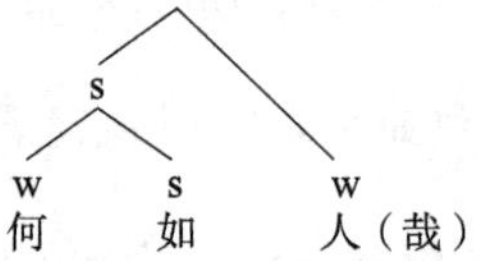

图 3–24 “何如人哉”焦点重音的指派

根据 Feng（1995）、冯胜利（2013a）的研究，疑问词必须组成强形式才能承担焦点重音。因此出现在定语位置的疑问词也应该都是双音节或三音节强形式。但是我们看到，定语位置上也允准单音节疑问词的出现。我们认为，和论元位置的疑问词一样，定语位置上的单音节疑问词也是由于缺乏双音化的韵律动因，才得以合理地存在。例如：

（35）“**何器**也？”

“瑚琏也。”（《论语·公冶长》）

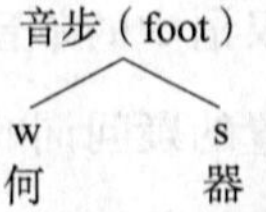

图 3–25　“何器”的韵律结构

在核心重音指派阶段，定语“何”和名词“器”组成了双音节韵律词“何器”。核心重音在短语 [何器] 中指派。因为“何”是弱读形式，不能承担重音，因此重音指派给了“器”。在焦点重音阶段，语义焦点“何”需要承担焦点重音。但是作为弱读形式，“何”无法独立承担焦点重音，它必须和“器”组成韵律词“何器”以承担全句的焦点重音。

第六节　结　语

本章讨论了上古汉语中双音节音步的韵律系统对疑问词双音化的制约作用。立足于贝罗贝、吴福祥（2000）的研究，结合周法高（1959），魏培泉（1989），杨伯峻、何乐士（1992），王海棻（2001）等研究，本章详细分析了上古汉语中的 31 个疑问词。在双音节音步的韵律系统中，单音节疑问词是弱读式。同时疑问词作为疑问句的语义焦点，需要承担焦点重音。在焦点重音和双音节音步的共同制约下，先秦时期的单音节疑问词需要进行双音化或者和其他成分组成双音节韵律词以满足韵律的要求。论元位置的单音节疑问词通过与相邻成分组成双音节韵律词，已满足韵律的要求，没有发生双音化的韵律动因，因此在先秦时期论元位置仍由单音节疑问词占据，没有促发双音化的进程；而非论元位置的疑问词则在韵律的要求下促发了双音化的进程。受到不同位置韵律的制约，上古汉语中的单音节疑问词在不同位置的双音化存在差异——论元位置的疑问词的双音化晚于非论元位置的疑问词。

这些发现不仅解决了汉语疑问词双音化的困惑，还为系统解决其他功能词（如语气词、连词、介词等）的双音化问题提供了全新的视角和研究思路，弥补了过去双音化研究中功能词研究较为薄弱的遗憾。

思考与练习

1. 什么是汉语史上的“双音化”？
2. 上古汉语中的单音节疑问词是韵律弱读成分吗？请举例说明。
3. 韵律是如何制约宾语位置上单音节疑问词的双音化的？请举例说明。

4

第四章

语调重音促发的疑问语气词“为”[1]

① 本章部分内容曾发表于《语言研究集刊》（第二十一辑）。

本章论证语调短语层面（intonation phrase，简称 IntP）韵律对疑问句的制约作用，集中探讨疑问句[何/奚（+以）+ XP +为]。本章指出，[何/奚（+以）+ XP +为]中的“为”是句末语气词（sentence final particle，简称 SFP），不是动词。“为”是由疑问状语“何/奚为”进行“互补删略”生成的。语气词、语调和声调的韵律互动促发了这一句法操作。如果 XP 末字的声调为仄声（上、去、入声），那么[末字+为]组成前低后高的字调组合，形成上升语调（L-H），与疑问句调更加匹配，由此促发“何/奚为”的互补删略操作，形成结构[何/奚（+以）+ XP +为]。下面将分别论述。

第一节 [何/奚（+以）+ XP +为]形式

自王引之以来，结构[何/奚（+以）+ XP +为]一直是汉语史研究的重点。就目前的研究而言，下面几点已被普遍接受：

第一，结构[何/奚（+以）+ XP +为]可细分为4种结构（张军、王述锋，1997），既可用来询问原因和目的，也可表示反诘：

第一种是[何/奚+VP+为]，如：

（1）今既无事矣，而非和，于是加宠，**将何治为**？

（《国语·晋语》）

韦昭注：“晋加宠于子，将何为治乎？”

第二种是 [何 / 奚 + 以 + VP + 为]，如：

（2）文王其犹未邪？又何以梦为乎？（《庄子·田子方》）

第三种是 [何 / 奚 + 以 + NP + 为]，如：

（3）我何以汤之聘币为哉？（《孟子·万章上》）

伪孙奭疏："我何为用汤之聘币为出哉！"

第四种是 [何 / 奚 + 以 + 为]，如：

（4）其为衣裘何以为？冬以圉寒，夏以圉暑。

其为宫室何以为？冬以圉风寒，夏以圉暑雨。

其为甲盾五兵何以为？以圉寇乱盗贼。

其为舟车何以为？车以行陵陆，舟以行川谷，以通四方之利。（《墨子·节用上》）

以上例子中，（1）～（3）表示反诘，（4）用来询问原因。

第二，结构 [何（+以）+ XP + 为] 可后接句末语气词“哉、乎”。

（5）子何以其志为哉？（《孟子·滕文公下》）

（6）今我何以子之千金剑为乎？（《吕氏春秋·异宝》）

这两例中，句末各多了一个语气词（“哉、乎”），但全句都表示反诘。

第三，结构 [何（+ 以）+ XP + 为] 中的疑问词“何”可替换为“奚、恶、安”，“以”可替换为“用”。

（7）奚以之九万里而南为？（《庄子·逍遥游》）

（8）恶用是鶂鶂者为哉？（《孟子·滕文公下》）

（7）中“奚”替换了“何”，“奚以之九万里而南为”表示反诘。（8）中“恶、用”分别替换了“何、以”，“恶用是鶃鶃者为哉”也表示反诘。

第四，可以用其他句末语气词替代结构[何（+以）+ XP +为]中的“为”。

（9）汤为天子大臣，被污恶言而死，何厚葬乎！

（《史记·酷吏列传》）

（10）汤为天子大臣，被恶言而死，何厚葬为！

（《汉书·张汤传》）

以上两例的内容相同，“何厚葬乎 / 为”都表示反诘，唯一不同的是句末语气词“乎”和“为”。

第五，到了魏晋南北朝，[XP +为]取代[何（+以）+ XP +为]，疑问词“何 / 奚”可以不出现，仅用句末语气词“为”即可表达疑问语气。[XP + 为] 是疑问句或反问句。

（11）俱入城见王，王曰：“龙等来为？”

（康僧会《六度集经》卷二十九上）（疑问句）

（12）君为郡败吾章，已得如意，欲复亡为？

（《三国志·太史慈传》）（反问句）

但上述现象中，仍有几个问题有待确定。

第一，结构 [何（+ 以）+ XP + 为] 中的“为”是句末语气词还是动词？

第二，[何 / 奚（+ 以）+ XP + 为] 在句法深层结构中本来如此还是通过句法操作生成？如果通过句法操作生成，那么是什么原因促发了这种操作？

第二节　前人的研究

学界对结构 [何 / 奚（+ 以）+ XP + 为] 的分析一直存在争议，延续至今。争议的核心是“为”的词性，基本上有三种分析：

第一种：“为”是句末语气词，以王引之为代表。结构 [何 / 奚（+ 以）+ XP + 为] 中，“何 / 奚”是疑问副词做状语，“以”是动词，“为”是句末疑问语气词。即：

（13）今我 [$_{\text{Adv}}$ **何**] [$_{\text{VP}}$ 以子之千金剑] [$_{\text{SFP}}$ **为**] 乎？

第二种：“为”是动词，以吕叔湘、朱运申为代表。底层结构 [（以 +）XP + 为 + 何 / 奚] 中，动词“为”的疑问宾语“何 / 奚”移至动词“以”之前，形成[何/奚（+以）+ XP +为]。如下所示：

（14）今我 [$_{\text{NP}}$ **何**$_{i}$] [$_{\text{VP}}$ 以子之千金剑] [$_{\text{VP}}$ **为** e$_{i}$] 乎？

第三种：起初“为”是动词，后来虚化为句末语气词，以蒋绍愚为代表。首先，底层结构[（以+）XP +为+何]中，动词“为”的宾语“何”前移至动词“以”之前，形成[何（+以）+ XP +为]，同（13）类似。其次，当“以”的补述语 XP 为动词短语 VP 时，动词“以 ***v***”变为介词“以 ***p***”，结构 [何 / 奚（+ 以）+ XP + 为] 被重新分析为 [[何 / 奚以]+ VP + 为]。动词“为 ***v***”虚化为句末疑问语气词。例如：

（15）[$_{\text{Adv}}$ **何以**][$_{\text{VP}}$ 伐][$_{\text{SFP}}$ **为**]？

但我们认为，结构 [何 / 奚（+ 以）+ XP + 为] 中的“为”是句末语气词，而非动词。句末语气词“为 $_{\text{SFP}}$”是由状语“何 / 奚为”在句法上进行互补删略生成的，而非谓语“何 / 奚为”移位生成的。二者不仅句法性质不同，其来源也不同。

一、“为”单独在句末

在结构 [何 / 奚（+ 以）+ XP + 为] 中，“为”可以在句末挂单，不需要和其他句法成分组成双音节音步。例如：

（16）**君又何以疵言告[韩、魏之君]为**？(《战国策·赵策一》)

（17）使安平君知，**则奚以[赵之强]为**？(《战国策·赵策四》)

在以上两例的 [何 / 奚 + 以 + NP + 为] 中，如果按照“为”是动词或“为”是动词虚化为句末语气词的观点，这里的“为”在底层结构中都是动词。也就是说，单音节动词“为”在句末挂单。

在上古汉语中，单音节句末语气词可以在句末挂单，但单音节动词不能在句末挂单。汉语是主谓宾（SVO）型语言，句末成分需要承担全句的核心重音，在韵律上最凸显（Liberman & Prince，1977；Chao，1968；汤庭池，1989；Feng，1995）。因为句末语气词作为韵律上的“界外成分”（emargination，Calabrese，1992）出现在句末，但它并不在核心重音的范域内，不参与核心重音的指派。

$$[\underbrace{X \qquad Y}_{\text{核心重音（NS）}}]_{P}\# + SFP$$

图 4–1 语气词不在核心重音范域内

这里核心重音的范域为句末短语 $[XY]_P$，句末语气词（SFP）

不在核心重音范域内，不参与核心重音指派。在第一章我们讨论过，在上古汉语中，如果承担核心重音的句法成分是单音节[如(18)中的“有$_σ$”]，那么“有$_σ$”必须与相邻成分“之”构成一个双音节音步[之+有]承担核心重音，否则整个结构会因违反核心重音而成为非法结构。

(18)宋何罪*(之)有？(《墨子·公输》)

这里疑问词组“何罪”在焦点短语(FocP)的核心(Foc^0)。按照核心重音原则，句末动词短语“之有”应该承担核心重音，在全句中韵律最凸显。韵律禁止单音节动词独自出现在句末。

(19)[……动词]#/动词$_σ$

与单音节动词相对，句末语气词不参与核心重音的指派，因此单音节语气词可以独自出现在句末，不必与其他成分组成双音节音步满足核心重音的要求。而结构[何/奚(+以)+XP+为]中，我们发现句末成分“为$_σ$”可以自由出现，不必和其他结构组成双音节音步。

这样的话，如果把[何/奚(+以)+XP+为]中的“为”视作动词，那么动词“为$_σ$”就会在句末挂单。而(19)中已指出韵律禁止单音节动词在句末挂单，但允许单音节句末语气词在句末挂单。因此“为”只能是句末语气词，一定不是动词，底层结构也不是[何/奚$_i$(+以)+XP+为$_V$+e_i]。

如果把句末语气词“为$_{SFP}$”分析为动词虚化的结果，[何/奚(+以)+XP+为]的底层结构就是[[何/奚以]+XP+为$_{SFP}$]。蒋绍愚(2014：6)指出，“以”由动词(语义相当于“用”)变为介词（语义相当于“因”），与疑问词“何/奚”组成了疑问词组“何/奚为”，“以”的“重新分析”导致“为”由动词变为句末语气词。这样的话，作为句末语气词的“为”就可以在句末挂单。

但蒋绍愚（2014）认为，发生这种变化的结构必须满足[[何/奚以]+VP+为]，即只有当“以”与“为”之间的短语是动词短语时，结构[何/奚+以+XP+为]才能分析为[[何/奚以]+XP+[为]]，“为”才能作为句末语气词挂单。但（16）和（17）中在“以”与“为”之间的短语均为名词短语“韩、魏之君，赵之强”，因此（16）和（17）的底层结构也不能分析为[[何/奚以]+NP+[为]]。两种底层结构的分析都不能解决这个问题。以前文的（17）为例，即：

（20）奚以[赵之强]为？

a. * 奚+[以赵之强]+[$_{V}$ 为]

b.*[奚以]+[赵之强]+[$_{SFP}$ 为]

因此，“为”只能是句末语气词，不能是动词。其底层结构是[何/奚$_{i}$(+以)+XP+为$_{V}$+e_i]，不可能是[[何/奚$_{i}$+以]+XP+为$_{SFP}$]。

二、[何/奚（+以）+XP+为]和[何/奚为]形成对立

魏培泉（1989）、Feng（1995）、Aldridge（2010）、冯胜利（1997、2013a）均指出在句法上，上古汉语疑问词做动词宾语时，

其底层结构是［动词＋疑问词］。疑问词移位后生成表层结构［疑问词＋动词］。虽然各家对疑问代词前置后的句法位置有不同的分析，但疑问词在表层结构上落在了屈折语短语（IP）层面。例如：

（21）a. 吾谁欺？欺天乎？（《论语·子罕》）

b. 吾　谁$_i$　欺 e_i

传统的研究立足于这个句法分析，认为［何/奚（＋以）＋XP＋为］也由动词“为”的宾语“何”经过移位形成（魏培泉，1989；蒋绍愚，2002、2014；Peyraube & Li，2008；等等）。“何”的句法移位如（22）所示：

（22）何$_i$＋以＋XP＋为＋e_i

我们认为，虽然从表层结构来看，结构［何/奚（＋以）＋XP＋为］与［疑问词＋动词］相似，但二者是由不同的底层结构生成的，在句法上受到不同的限制。在“者”引导的关系从句和“而”引导的附接语结构直接构成的疑问句中，结构［疑问词＋动词］没有出现“孤岛效应”，而结构［何/奚（＋以）＋XP＋为］出现了“孤岛效应”。

“孤岛效应”由 Ross（1967）首次提出，即句法上如果一个结构的组构成分不能用任何移位规则从中移出（克里斯特尔，2000：191），这个结构就形成一个“岛”。这种禁止组构成分进行移位操作的句法现象，称为“孤岛效应”。关系从句和附接语结构都是句法上的“岛”，它们都禁止自己的组构成分通过移位移出“岛”。

首先，在上古汉语中，“者”作为名词化标记，可以出现在动词短语之后，引导关系从句（朱德熙，1983；陈丹丹，2009；等等）。底层结构[动词+疑问词]中的疑问词移位形成的表层结构[疑问词+动词]，可以出现在“者”引导的关系从句中组成直接疑问句，没有出现“孤岛效应”。例如：

（23）子[**何为者**]邪？（《庄子·外物》）

（24）项王按剑而跽曰：“客[**何为者**]？”

张良曰：“沛公之参乘樊哙者也。”（《吕氏春秋·慎小》）

这里疑问词“何”与动词“为”出现在“者”引导的关系从句中，全句表达直接疑问。但若结构[何/奚（+以）+XP+为]出现在“者”引导的关系从句中，且全句表示直接疑问，那么句子非法。

（25）a. 今夫齐亦君之海也。君长有齐，**奚[以薛]为**？君失齐，虽隆薛城至于天，犹无益也。（《韩非子·说林下》）

b. * 子[**奚以薛为者**]邪？

（26）a. 孔子曰：“求！无乃尔是过与？夫颛臾，昔者先王以为东蒙主，且在邦域之中矣，是社稷之臣也。**何以伐为**？”

冉有曰：“夫子欲之，吾二臣者皆不欲也。”

（《论语·季氏》）

b.* 子[**何以伐为者**]邪？

这里[何/奚（+以）+XP+为]均出现在疑问句中，但当[何/奚（+以）+XP+为]嵌入“者”引导的关系从句中，整个结构非法。

在先秦文献中，没有找到结构 [何 / 奚（+ 以）+ XP + 为] 出现在“者”引导的关系从句中且全句表达直接疑问的用例。

其次，在上古汉语中出现在连词“而”前的动词短语可做状语从句，出现在附接语的位置（Aldridge，2010：20）。底层结构 [动词 + 疑问词] 中的疑问词移位形成的表层结构 [疑问词 + 动词]可以出现在状语从句中组成直接疑问句，也没有“孤岛效应”。例如：

（27）伤者之母立而泣，人问曰：“将军于若子如是，尚 [[何为] 而] 泣？”（《韩非子·外储说左上》）

（28）故君子入则笃行，出则友贤，[[何为]而]无孝之名也？（《荀子·子道》）

这里疑问词“何”与动词“为”出现在状语从句中，全句表达直接疑问。但若结构 [何 / 奚（+ 以）+ XP + 为] 出现在状语从句中表示直接疑问，那么整个句子非法。

（29）* 尚 [[何以之为] 而] 泣？

（30）*[[何以之为] 而] 无孝之名也？

当结构 [何 / 奚（+ 以）+ XP + 为] 嵌入“而”前的状语从句中，整个结构非法。在先秦文献中，没有找到结构 [何 / 奚 +（以）+ XP + 为] 出现在“而”引导的状语从句中且全句表达直接疑问的用例。

根据 Huang（1982），Fingo et al.（1988）对汉语疑问句的分析，在最终形成的疑问句中，疑问词“何”在语音层面（PF）留在原位，在逻辑层面（logic form，LF）移位至标句词短语。在逻辑层面，包含疑问词的关系从句总体进行“量词提升”（quantifier raising），然后疑问词再由关系从句和状语从句中移出。因此，虽然疑问词的范域是全句，但未出现“孤岛效应”。以关系从句为例来看“何为”在 LF 的移位：

（31）LF：$[_{cp}$ [何为]$_i$ C $[_{IP2}$ [e_i 者]$_j$ $[_{IP1}$ 客 e_j]]]？

在逻辑层面，小句短语 IP 拆分为两个组成部分 IP_1 和 IP_2。关系从句“何为者”整体进行“量词提升”，从 IP_1 内部移位至 IP_2。然后疑问代词“何”再由关系从句中移位至句标词层面。这样，疑问词分为两步进行移位，而非通过一次移位由关系从句内部移至句标词的指定语位置，没有违反语障（barrier）禁止疑问词同时越过小句 IP 和限定词短语 DP 进行移位的要求。因此整个结构“客何为者”是一个直接疑问句，同时也没有违反“孤岛效应”。

如果结构 [何 / 奚（+ 以）+ XP + 为] 与“何 / 奚为”相同，均由动词“为”的疑问宾语“何”经过移位形成，那么结构 [何 / 奚（+ 以）+ XP + 为] 一定也可以出现在“者”引导的关系从句和“而”引导的状语从句中，组成直接疑问句。但在先秦文献中，结构 [何 + 以 + N/V + 为] 从未在“者”引导的关系从句和“而”引导的状语从句中出现，组成直接疑问句。结构 [何 / 奚 + 以 + N/V + 为] 出现了“孤岛效应”。如（25b）（26b）（29）和（30）所示，在“者”引导的关系从句和“而”引导的状语从句中，该结构均不能成立。

“为”是动词和“为”由动词虚化为句末语气词的分析都无

法解释结构 [何 + 以 + XP + 为] 和“何为”在“孤岛效应”上的对立。如果结构 [何 + 以 + XP + 为] 中的“为”和“汝何为者邪、何为而泣”中的动词“为”一样，那么结构 [何 + 以 + XP + 为] 应该能够合法存在于“者”引导的关系从句和“而”引导的状语从句中。但结构 [何 + 以 + XP + 为] 不能出现在这两种结构中，它出现在这两种结构中时会出现“孤岛效应”。同样的句法结构和句法操作不能在相同的条件下既合法又非法，这说明结构 [何 + 以 + XP + 为] 中的“为”不是动词。

如果按照“为”是由动词虚化为句末语气词的分析，那么至少在结构 [何 + 以 + NP + 为] 中，“为”是动词。但这也面临同样的挑战：为什么结构 [何 / 奚 + 以 + NP + 为] 和“何为”在句法上经历了相同的移位操作，在合法性上却产生对立？宾语“何”在逻辑层面上的移位没有产生“孤岛效应”，“汝何为者邪，何为而泣”等结构的合法存在也证明了这点。那么采取同样句法操作的结构[何+以+NP+为]也应具有同样的语法允准度。但在（25b）（26b）（29）和（30）中，我们看到 [何 / 奚（+ 以）+ NP + 为] 不能成立。也就是说句末语气词“为”并非从动词“为”虚化而来。因为在结构 [何 / 奚 + 以 + NP + 为] 中“为”不能是动词，所以也不存在动词虚化为句末语气词的过程。这进一步说明，结构 [何 / 奚（+ 以）+ N/V + 为] 并非如“何为”一样由底层结构“为何”中的“何”移位形成。也就是说，“为”不是动词。

三、[何 / 奚（ + 以)+VP+ 为] 和 [何 / 奚为] 形成对立

蒋绍愚（2014）指出，因为结构 [何 / 奚 + 以 + VP + 为] 中

的动词“以”与前置疑问词“何 / 奚”组合为“何 / 奚为”，使得动词“为”虚化为句末语气词。但是我们发现，在包含否定词的直接疑问句中，疑问词组“何以”可以出现否定词之上统制否定词，合法存在；分析为 [[何 / 奚以] + VP + 为] 的结构却不能出现在包含否定词的直接疑问句中。

（32）曰：“《凯风》[何以] 不怨？”

曰：“《凯风》，亲之过小者也；《小弁》，亲之过大者也。”

（《孟子·告子下》）

（33）[何以] 无受也？丧成人者，其文缛。（《仪礼·丧服》）

“何以”均统制否定词“不、无”，整个疑问句合法。如图 4–2 所示：

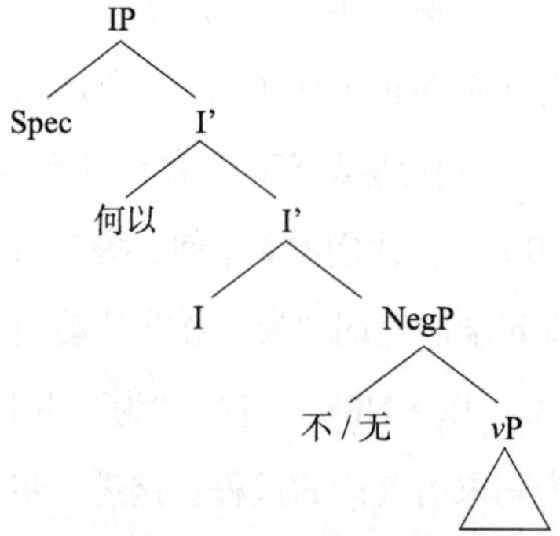

图 4–2 “何以”统制否定词

但 [[何 / 奚以]+VP+ 为] 中却不能出现否定词。

（34）a. 雨行，又何以圣为？（《左传·襄公二十二年》）

b. 雨行，又何以（* 不）圣为？

（35）a. 是社稷之臣也，何以伐为？（《论语·季氏》）

b. 是社稷之臣也，何以（* 不）伐为？

当否定词出现在结构 [[何 / 奚以]+ VP + 为] 中时，该结构不成立，属于非法的结构。在先秦文献中，我们没有找到结构 [[何以]+ VP + 为] 中出现否定词的用例。

在 [何 / 奚（+ 以）+ VP + 为] 中，否定词其实可以合法出现。例如：

（36）对曰：“亡人得生，又何不来为？”

子木曰：“不来，则若之何？”（《国语·楚语》）

说明 [何 / 奚（+ 以）+ VP + 为] 是允准否定词出现的。上述结构之间的对立并非疑问词或句末“为”导致[何/奚（+以）+ VP +为]与“何 / 奚为”形成对立，而是其他疑问句中作为凝固结构的“何 / 奚为”及 [何 / 奚 + 以 + VP + 为] 中各自独立使用的“何 / 奚”与“以”之间的对立。

把 [何 / 奚 + 以 + VP + 为] 中的“何 / 奚”与“以”合并为“何以”与“奚以”，无法解释 [[何 / 奚以] + VP + 为] 中的“何 / 奚为”与其他的“何 / 奚为”在统制否定词上出现的对立。按照蒋绍愚（2014）的分析，结构 [何 / 奚 + 以 + V + 为] 的底层结构由 [何 / 奚 + [以 + V] + 为] 变为 [[何 / 奚以] + V + 为]。如果疑问句中的“何以”可以统制否定词（“不、无”），且结构 [[何 / 奚以] + V + 为] 中的“何 / 奚”与“以”同样组合为“何$_v$以”，那么“何$_v$以”也一定能统制这些否定词。但在先秦两汉文献中不存在这样的结构，即：

（37）*[[何 / 奚以] + Neg. + V + 为]

“何 / 奚为”不能既允准又禁止否定词出现在它统制的范域内。这说明，在句法上结构 [何 / 奚 + 以 + V + 为] 中的“何 / 奚”与“以”并没有组成一个结构。结构 [何 + 以 + V + 为] 的底层结构不是 [[何 / 奚以] + V + 为]，它和其他疑问句中的“何以”不同，所以它们的句法表现也不同。

因此，结构 [何 / 奚（+ 以）+ VP + 为] 中并不存在“何 / 奚”与“以”合并的结构。更进一步说，由于“以”与“何”合并为凝固结构“何以”而促发动词“为”虚化为句末语气词的说法，也不能成立。

第三节　互补删略

吕叔湘（1954：72）指出，结构 [何 / 奚（+ 以）+ XP + 为] 由“何 / 奚为”拆置而成，用于询问目的。过去的研究一般立足于此，认为结构 [何 / 奚（+ 以）+ XP + 为] 是由谓语“何为”拆置，疑问代词宾语“何”前置形成的。和过去的研究不同，我们虽然也认同吕叔湘（1954）关于 [何 / 奚为] 拆置的分析，但是我们认为该结构并不是由谓语“何为”拆置而成的，而是由外状语“何为”通过互补删略形成的。结构 [何 / 奚（+ 以）+ XP + 为] 的底层结构为 [何 / 奚 + 为（+ 以）+ XP]。结构 [何 / 奚 + 为（+ 以）+ XP] 通过互补删略形成了 [何 / 奚（+ 以）+ XP + 为]。“为”是句末语气词，占据了标句短语的核心。整个结构表达一个焦点，既可以用于真性疑问也可以用于反诘疑问。

一、“何 / 奚为”是外状语

在上古汉语中，疑问词组“何为”作为全句的外状语，用来询问原因和目的。根据 Belletti（2004、2005）、Tsai（2008、2013）对英语、德语和现代汉语中疑问副词的研究，询问原因的疑问词称为外状语，修饰全句。在上古汉语中，外状语“何为”出现在小句层次，作为 I-bar 的附接语。

第一，句法结构上询问原因的“何 / 奚为”一定出现在否定词（如“不”等）之前，绝对不能出现在否定词后面。

（38）吾 **[何为]** 不豫哉？（《孟子·公孙丑下》）

（39）此率民而出于无用者，**[何为]** 至今不杀乎？

（《战国策·齐策四》）

（40）王 **[何为]** 弗为？（《战国策·燕策二》）

（38）和（39）中，“何为”出现在否定词“不”之前。（40）中,“何为”出现在否定词“弗”之前。上古汉语中的外状语“何/奚为”绝不能在否定词之后出现。

（41）* 吾不 **[何为]** 豫哉？

（42）* 至今不 **[何为]** 杀乎？

（43）* 王弗 **[何为]** 为？

这些均为非法结构。疑问词组“何 / 奚为”在询问原因时不能出现在否定词“弗、不”之后。因此，“何 / 奚为”与否定词的句法关系如下：

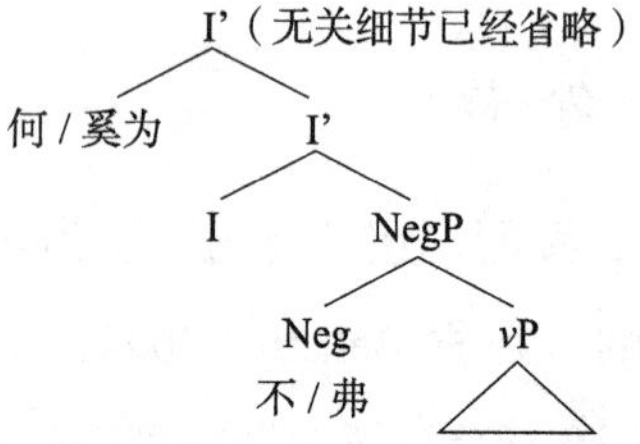

图 4–3 “何 / 奚为”统制否定词

否定词占据否定短语的核心（Neg，NegP），它统制轻动词短语。外状语“何 / 奚为”位于小句层面的附加语位置，在否定词之前，统制否定短语。

第二，疑问词组“何为”询问原因时一定出现在情态助动词（modal auxiliary）（如“可、能”）之前。

（44）故海之大也，而鱼**[何为]可**得？山之深也，虎豹貔貅**[何为]可**服？（《逸周书·周祝解》）

（45）戟亦兵也，矛亦兵也，亡兵得兵，[**何为]不可以**归？（《吕氏春秋·离俗》）

（46）泽曰：“若秦之商君，楚之吴起，越之大夫种，其卒亦可愿$_i$矣。”

应侯知蔡泽之欲困己以说，复曰：“[**何为]不可** e_i？”（《战国策·秦策三》）

（47）刘敬曰：“独可以计久远子孙为臣耳，然恐陛下不能为$_i$。”

上曰：“诚可，**何为不能** e_i？顾为奈何？”

（《史记·刘敬叔孙通列传》）

（48）若然，死者**[奚为]不**能言生术哉？（《列子·说符》）

（44）～（46）中，疑问词组“何 / 奚为”位于情态助动词“可”之前。（46）“何为不可”中的动词与对话的上句“其卒亦可愿矣”中的动词“愿”相同，以无音形式出现。（47）和（48）中，疑问词组“何 / 奚为”位于“能”之前。（47）“何为不能”中的动词与对话中的上句“然恐陛下不能为”中的动词“为”相同，以无音形式出现。在上古汉语中，外状语“何 / 奚为”决不能出现在情态助词之后。

（49）* 死者不能 [奚为] 言生术哉？

（50）* 不可 [何为] 以归？

以上两例均为非法结构。疑问词组“何 / 奚为”在询问原因时不能出现在情态助动词之后。因此，“何 / 奚为”与情态助动词的句法关系如下：

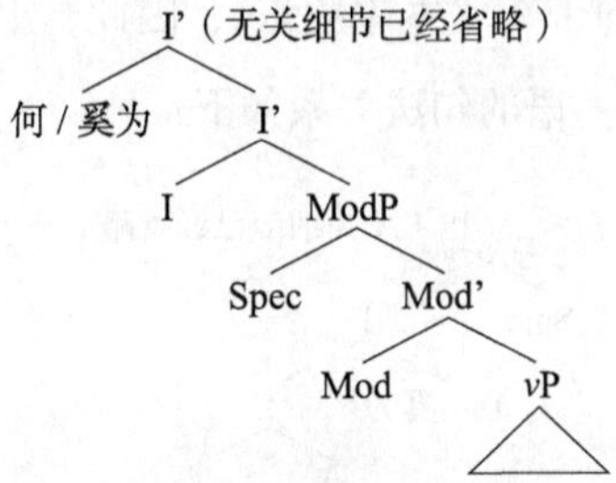

图 4–3 “何 / 奚为”统制情态助动词

助动词占据情态短语的核心位置（Mod，ModP）。外状语[何/奚为] 在小句层面的附接语位置。它们在“可”和“能”之前，统制助动词，在语义上询问原因和目的，而非方式和方法。

第三，疑问词组“何 / 奚为”出现在全句的主语之后，而且主语的论元角色可以是施事论元，语义上表示动作的发出者。

（51）伐之，名则义，实则利，**王[何为]**弗为？

（《战国策·燕策二》）

（52）闻戒，故为兵馈之。**予[何为]**不受？（《孟子·公孙丑下》）

（53）长者詈汝，少者和汝，**汝[何为]**取长者？

（《战国策·秦策一》）

这里“何为”分别出现在主语“王、予、汝”之后，而且主语的论元角色都是施事论元，是动作“为、受、取”的发出者。

蔡维天（2000）、Tsai（1999、2008）指出，位于小句层次之下的疑问状语需要与带有主体意识（agentivity）的主语共现，位于小句层次之前的疑问状语，如现代汉语的“怎么”则可以与不带主体意识的主语共现。“主体意识”是指主语的论元角色必须为施事论元（agent）。这里“何/奚为”在结构上位于主语之后，而且它们的主语均带有“主体意识”，因此，上古汉语中的外状语“何/奚为”与主语的句法关系如下：

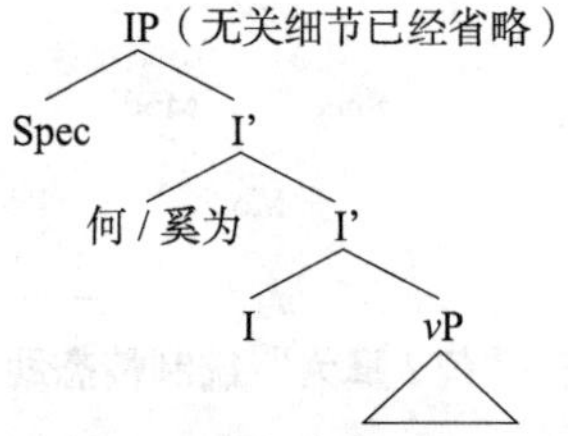

图 4–5 “何/奚为”在主语之后

二、底层结构[何/奚为（+以）+XP]

我们已指出外状语“何为”是小句层次的附接语，用来询问原因和目的。吕叔湘（1954）谈到的“何为”，实际上应是外状语“何为”，而非过去所述的谓语“何为”。黎锦熙（1933）即指出，“何为”应是动词前的外状语。罗元诰（1980）指出，“何为”的拆置应该是位于动词前的“何为”，并把动词后的“何为”视为一种特殊的句法表达。因为 [何 / 奚（+ 以）+ XP + 为] 的底层结构是 [何 / 奚为（+ 以）+ XP]，才会导致结构 [何 / 奚（+ 以）+ XP + 为] 与作为谓语的“何为”在句法上的对立。

首先，底层结构中作为外状语的“何为”经过互补删略，在表层结构中生成了“何”。因为“何为”是外状语，占据了附接语而非论元的位置，因此结构[何/奚（+以）+ XP +为]中的“何”常被其他作为状语的疑问成分取代。

（54）恶用是鹍鹍者为哉？（《孟子·滕文公下》）

（55）归已君乎！恶用天下为？（《吕氏春秋·天下》）

（56）汝又何暇以治天下感予之心为？（《庄子·应帝王》）

（57）何故深思高举，自令放为？（《楚辞·渔父》）

在（54）和（55）中，占据[何/奚（+以）+ XP +为]中“何”的位置的是疑问副词“恶”。在（56）和（57）中，取代“何”的是疑问词组“何暇”与“何故”。“恶、何暇、何故”在句中都是副词性的句法成分，做状语。以上四例也无法用底层结构 [（以 +）XP + 为 + 疑问词] 解释。在上古汉语中，“恶”不能做动词“为”的宾语（罗元诰，1980），“何暇”与“何故”也没有做动词“为”的宾语的用例。

（58）* 为 + 恶 / 何暇 / 何故

与疑问副词性的句法成分“恶、何暇、何故”相反，疑问代词“孰、谁”从不取代“何”出现在 [何 / 奚（+ 以）+ XP + 为] 中（魏培泉，2003：278）。

（59）* 谁 / 孰用天下为？

这说明结构 [何 / 奚（+ 以）+ XP + 为] 中，“何”没有变成动词“为”的宾语并移位到“(以 +) XP”之前，而是由底层结构中的外状语“何为”生成了表层结构中的“何”。因此，疑问代词“谁”不能取代“何”出现在结构[何/奚（+以）+ XP +为]中。

其次，因为生成“何”的底层结构“何为”占据了附接语而非论元的位置，所以注释家们在分析结构[何/奚（+以）+ XP +为]时，把“何”解释为疑问副词组，如“何为、何必、何用”等，而非中古时期的疑问代词“何物、何等”。

（60）今既无事矣，而非和，于是加宠，将**何**治为？

（《国语·晋语》）

韦昭注：“晋加宠于子，将**何为**治乎？”

（61）君子质而已矣，**何**以文为？（《论语·颜渊》）

皇侃疏：“**何必**用于文华乎？”

（62）**何**乃污王为？（《汉书·张耳陈余列传》）

颜师古注：“言**何为**乃污染王。”

（63）**何**多以对为？（《汉书·张汤列传》）

颜师古注：“言**何用**多对。”

（64）我**何**以汤之聘币为哉？（《孟子·万章上》）

伪孙奭疏：“我**何为**用汤之聘币为出哉！”

（60）（62）和（64）中的古人注疏均用“何为”解释原文的

“何”。(61)和(63)分别使用充当状语的疑问组合“何必”与“何用”解释原文“何”。皇侃、韦昭、颜师古时代已出现双音节疑问词“何等、何物”，但他们均用疑问副词或疑问副词词组解释“何”，从未使用疑问代词“何等、何物”。这说明，结构[何/奚(+以)+XP+为]中的“何”并非作为动词“为”的宾语前置到“(以+)XP”之前，而是由底层结构中的外状语“何为”生成了表层结构中的“何”。

再次，因为生成“何”的底层结构“何为”占据了附接语而非论元的位置，所以在由“而”引导的状语从句和“者”引导的关系从句中，“何为”可以合法存在，而结构[何/奚(+以)+XP+为]不能出现。例如：

(65)将军于若子如是，尚[[何为]而]泣？

(《韩非子·外储说左上》)

(66)*尚[[何以之为]而]泣？

(67)子[何为者]邪？(《庄子·外物》)

(68)*子[奚[以薛]为者]邪？

(65)和(67)中的疑问词“何”与动词“为”出现在“而”引导的状语从句和“者”引导的关系从句中，全句合法，表达直接疑问。但在(66)和(68)中，[何/奚(+以)+XP+为]出现在“而”引导的状语从句和“者”引导的关系从句中表示直接疑问，整个句子非法。

我们已经讨论过，因为疑问词“何”通过两次移位(“量词提升”和疑问词移位)，由关系从句和状语从句内部移至标句词的指定语位置，没有违反禁止疑问词同时越过两个语障进行移位的要求，所以（65）～（68）都遵守了语法移位的要求，都应该合法存在。但是（65）和（67）中在LF移位的疑问词“何”是动词“为”的宾语，而（66）和（68）中在LF移位的疑问词“何”是“何为”互补删略后的形式。两者不同的地位，导致合法度上的对立。

Chomsky（1981）提出“空语类原则”（empty category principle，ECP）：

> A non-pronominal empty category (i.e trace) is properly governed.
> 一个非指代性空语类（例如语迹）需要恰当的管控。

对于动词的宾语，例如（65）和（67）中的“何”，“恰当的管控”要求动词核心“为”与“何”移位后留下的语迹（trace）在结构上满足管控的要求。Feng（1995）指出，单音节疑问宾语“何”作为附着成分，附着在动词“为”上，二者占据一个动词核心V^0，满足管控的要求。如图4–6所示：

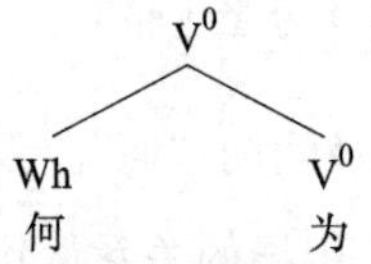

图4–6 “何”附着在动词“为”上

但对占据附接语的疑问词来说，“恰当的管控”要求移位的先行词（antecedent）管控留在原位的语迹，形成“先行词管控”（antecedent government）。而且“先行词管控”要求移位的成分与语迹之间不能存在句法“岛”的边界。

因为 [何 / 奚（+ 以）+ XP + 为] 中的疑问词“何”占据附接语的位置充当外状语，在逻辑层面，从“者”引导的关系从句和“而”引导的状语从句移出的疑问词“何”不能与它的语迹组成“先行词管控”。因此，结构 [何 / 奚（+ 以）+ XP + 为] 不能出现在“者”引导的关系从句和“而”引导的状语从句中，与“何为”形成对立分布。

LF：[CP 何 $_i$ [IP [island ……t_i……]$_j$ [IP ……t_j……]]]

X

图 4–7　“何 / 奚”出现“孤岛效应”

最后，因为结构 [何 / 奚（+ 以）+ XP + 为] 中的疑问词“何”占据附接语的位置充当外状语，疑问词“何”可以出现在副词（如“但、乃”）之前。

（69）何但亡匿幕北寒苦之地为！（《汉书·武帝纪》）

（70）今怨高祖辱我王，故欲杀之，何乃污王为乎？

（《史记·张耳陈余列传》）

何乐士（1989）、Feng（1995、1996）均指出，“（何）位于副、动之间”，而疑问副词“何”位于其他副词之前。在以上两例中，疑问词“何”都出现在副词“但、乃”之前而非“但、乃”之后，说明这里的“何”均为疑问副词，而非疑问代词。也就是说，结构 [何 / 奚（+ 以）+ XP + 为] 并非动词“为”的宾语“何”前置的结果。

三、“何 / 奚为”的互补删略

“何为”通过复制（copy theory，Chomsky，1995），到了 IP

之上的标句短语核心（C^0）位置，到语音层面进行互补删略，上层拷贝（upper copy）删掉了第一音节“何”，下层拷贝（lower copy）删掉了第二音节“为”，就形成了表层结构 [何（+ 以）+ XP + 为]。如图 4–8、图 4–9 所示：

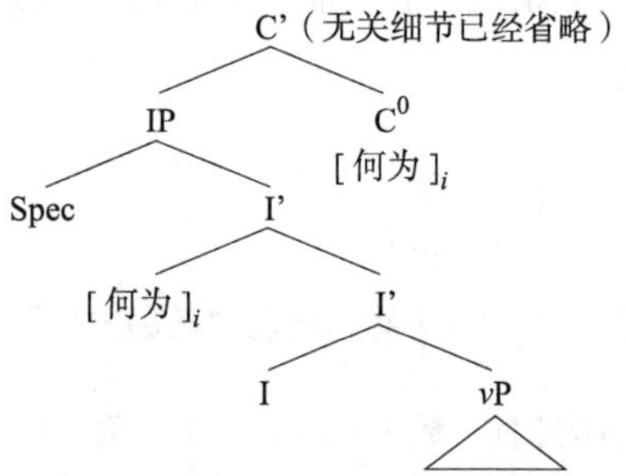

图 4–8 “何为”复制一个拷贝到标句短语核心

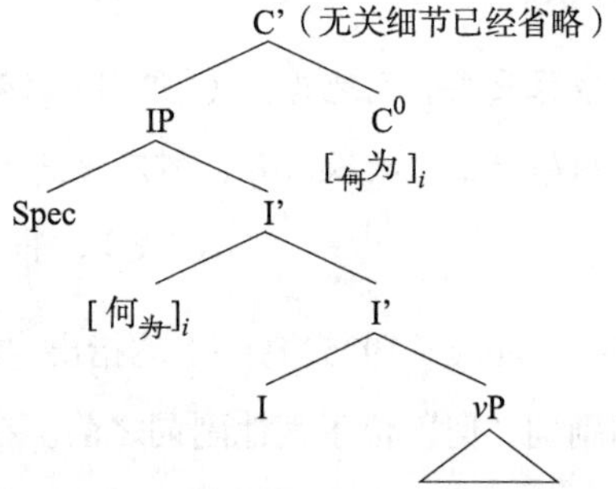

图 4–9 两个“何为”进行互补删略

（71a）为底层结构。（71b）中位于小句层面的附接语“何为”复制了一个拷贝占据标句短语核心的位置，形成 [何为 + 不来 + 何为]。在（71c）中，当“何为不来何为”进入语音层面后，上层拷贝删掉第一音节“何”，下层拷贝删掉第二音节“为”，形成表层结构“何不来为”。

（71）a. 何为不来？

b.[何为]不来[何为]？

c.[何~~为~~]不来[~~何~~为]？

d. 何不来为？（《国语·楚语》）

在世界上的不同语言中，互补删略是一种普遍的语法操作，在英语、德语及现代汉语中都存在（Fanselow & Ćavar，2002；郭锐，2013；潘海华、叶狂，2015；等等）。很多语言现象都是互补删略的结果，例如疑问词移位、名词短语与量词修饰语的分离、名词短语与介词短语修饰语的分离、离合词等。

（72）a. [~~a photo of~~ Who] did you see [a photo of ~~who~~]?

b. [~~all~~ The students] have [all ~~the students~~] written a paper on logic.

c. [A book ~~about Chomsky~~] appeared [~~a book~~ about Chomsky].（以上例子引自 Fanselow & Ćavar，2002）

（73）我[帮~~忙~~]了他的一个[~~帮~~忙]。

（72a）中互补删略应用于疑问词的移位操作。“a photo of who”复制了一个拷贝到标句短语的指定语位置，然后在上层拷贝和下层拷贝中分别删去“a photo of”和“who”，形成了表层结构“Who did you see a photo of ?”。在汉语中也存在互补删略的操作（郭锐，2013；潘海华、叶狂，2015）。（73）中动词“帮忙”复制了一个拷贝到轻动词 DO 的位置，然后在上层拷贝和下层拷贝中分别删去“忙”和“帮”，形成了表层结构“我帮了他的一个忙”。

因为底层结构 [何为（+ 以）+ XP] 通过互补删略生成表层结构 [何（+ 以）+ XP + 为]，所以当底层结构中的“何为”出现在句法的“岛”中时，“何为”不能越过“岛”的边界，进行互补删略的操作。例如：

（74）将军于若子如是，尚**何为而泣**？

（《韩非子 · 外储说左上》）

（75）将军于而子如是，**尚何为泣**？（《说苑 · 复恩》）

（76）子卒也，而将军自吮其疽，**何哭为**？

（《史记 · 孙子吴起列传》）

这三例是不同文献对同一个事件的描述。在询问哭泣的原因时，使用了不同的句法结构。如图 4–10 所示，“何为”出现在连词“而”引导的状语从句中，修饰谓语“泣”。

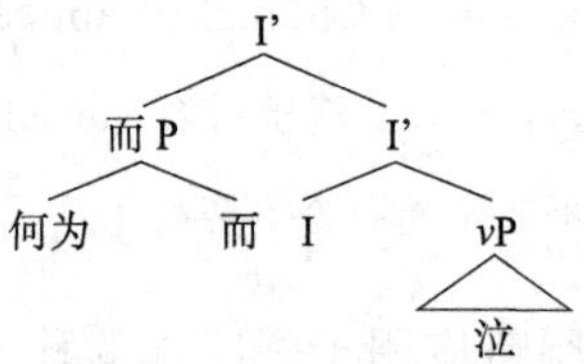

图 4–10 “何为而泣”的句法结构

而图 4–11 中，外状语“何为”直接修饰谓语“泣”。

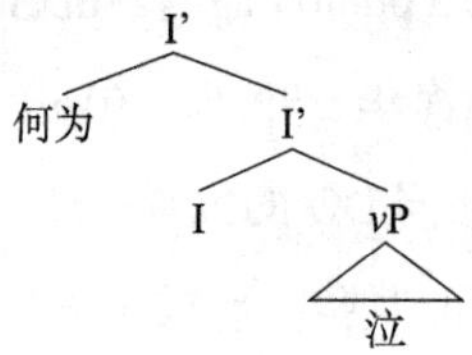

图 4–11 “何为”直接修饰“泣”

“何哭为”是由底层结构 [何为 + 哭] 经过互补删略生成的。如图 4–12 所示：

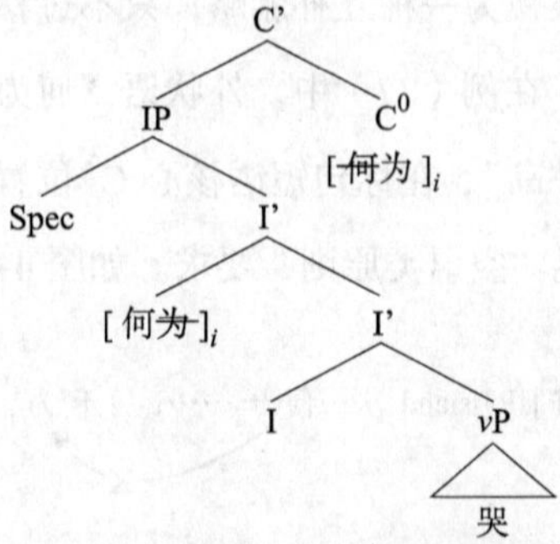

图 4–12 “何哭为”的结构

也就是说，“何为泣”经过互补删略得到的是“何哭为”。状语“何为”经过互补删略就可以出现在标句短语的核心位置。但如果在底层结构中，“何为”位于由“而”引导的状语从句中，那么“何为”的互补删略操作就被禁止，不能出现。

（77）a. 何（*而）哭为？

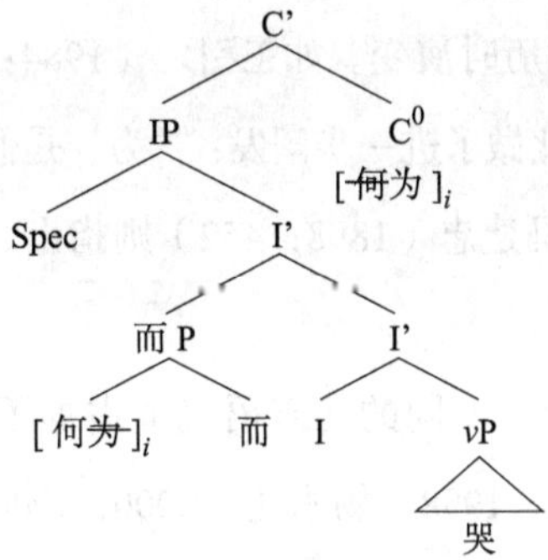

图 4–13 “* 何为而哭”的结构

和图 4–11 中“何为”直接出现在外状语位置不同，例（77）中的“何为”出现在状语从句中，形成了一个句法上的“岛”。前面指出，移位也被视为一种互补删略，只不过移位是将下层拷贝的音节全部删除。在例（77）中，外状语“何为”的互补删略需要越过句法上的“岛”，在标句短语核心 C^0 位置的“为”与外状语“何”无法满足“空语类原则”要求。如图 4–14 所示：

[CP [IP [island ……~~何为~~$_i$……]] 何为$_i$]

X

图 4–14 “何为而泣”的孤岛效应

四、“为”是句末语气词

“何为”经过互补删略生成结构 [何 / 奚（+ 以）+ XP + 为]。上古汉语中“何 / 奚为”互补删略后的“为”所在的句法位置，我们认为是句末标句短语的核心。换句话说，结构 [何 / 奚（+ 以）+ XP + 为] 中的“为”始终是句末语气词，不存在“为”作为动词或由动词虚化的历时演变。如王引之（1984：49）指出，“为，语助也”。黄侃对此做了进一步阐发：“‘为’是假借，盖本字或作‘与’或‘矣’。”马建忠（1898：452）则指出，“‘为’有解作语助不为义者”等。

在句法结构上，不同的句末语气词占据不同的位置（郭锡良，2005；朱承平，1998；杨永龙，2000；冯胜利，2015b）。如图 4–15 所示（转引自冯胜利，2015b）：

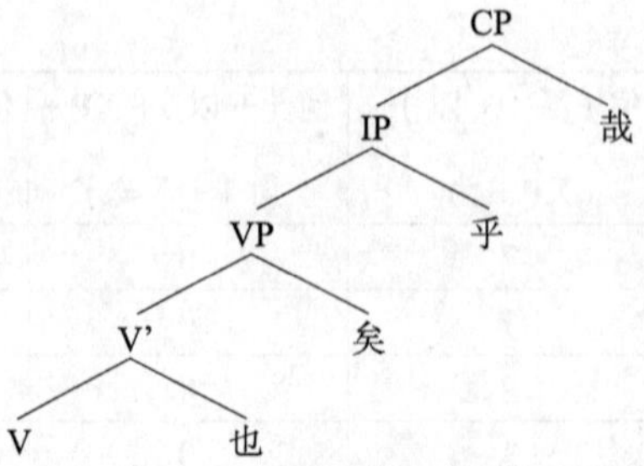

图 4–15　句末语气词的结构层次

从语气类型来看，表示陈述语气的语气词句法位置最低，表示疑问语气的语气词位置比陈述语气词高，表示反问或感叹的语气词位置最高（杨永龙，2009：198）。

结构 [何（+ 以）+ XP + 为] 中的句末语气词“为”出现在疑问句和反问句中，在句法位置上高于表示陈述语气的语气词，如“也、矣”。在我们考察的 30 部先秦文献中，没有发现结构 *[何 + 以 + N/V + 为 + 也 / 矣] 的用例。如表 4–1 所示：

表 4–1　[何 / 奚（+ 以）+ XP + 为] 后接句末语气词[①]

文献	何 / 奚（+ 以）+ XP + 为	何（+ 以）+ XP + 为（+ * 矣）	何（+ 以）+ XP + 为（+ * 也）
《论语》	3	0	0
《管子》	1	0	0
《孟子》	3	0	0
《韩非子》	1	0	0
《国语》	2	0	0

① 我们考察的 30 部先秦文献中有 9 部文献未出现 [何 / 奚（+ 以）+ XP + 为]，分别是《老子》（传世本+出土本）、《周易》、《孙子》、《商君书》、《仪礼》、《周礼》、《晏子春秋》、《礼记》、《春秋公羊传》。

（续表）

文献	何/奚（+以）+XP+为	何（+以）+XP+为（+*矣）	何（+以）+XP+为（+*也）
《墨子》	7	0	0
《庄子》	7	0	0
《荀子》	2	0	0
《左传》	3	0	0
《战国策》	7	0	0
《吕氏春秋》	3	0	0
《大戴礼记》	1	0	0
《春秋谷梁传》	1	0	0
《韩诗外传》	1	0	0
总计	42	0	0

另一方面，“为”可以出现在句末语气词“乎、哉”的前面，和它们组成复合语气词，构成反诘问句。

（78）子何以其志**为哉**？（《孟子·滕文公下》）

（79）我何以汤之聘币**为哉**？（《孟子·万章上》）

（80）文王其犹未邪？又何以梦**为乎**？（《庄子·田子方》）

（81）今我何以子之千金剑**为乎**？（《吕氏春秋·异宝》）

在（78）和（79）中，句末语气词“为”在“哉”的前面。在（80）和（81）中，句末语气词“为”在“乎”的前面。在先秦文献中，句末语气词“为”从未出现在“乎、哉”的后面。

（82）*我何以汤之聘币**哉为**？

（83）*今我何以子之千金剑**乎为**？

例（82）（83）这样的结构都不存在。由此，句尾语气词

“为”的句法位置如图 4–16 所示：

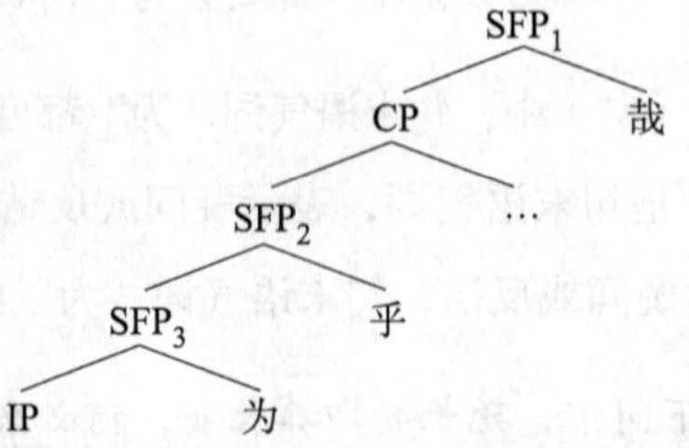

图 4–16 疑问语气词“为”的句法位置

因为结构 [何（+ 以）+ XP + 为] 中的“为”是句末语气词，出现在标句短语的核心位置。所以首先结构 [何（+以）+ XP +为] 中的“为”都可以单独在句末出现。

（84）君又何以疵言告 [韩、魏之君] 为？（《战国策·赵策一》）

（85）使安平君知，则奚以 [赵之强] 为？（《战国策·赵策四》）

（84）和（85）中的“为”都独自出现在句末。因为“为”是句末语气词，不参与核心重音的指派。按照核心重音的指派规则，（84）和（85）的核心重音范域分别为 [韩、魏之君]$_{DP}$ 和 [赵之强]$_{DP}$。“为”作为“界外成分”（emargination constituent），不在核心重音的范域之内，因此单音节“为”可以独立在句末出现，且不违反核心重音的要求。

其次，因为 [何 / 奚（+ 以）+ XP + 为] 中的“为”是句末语气词，出现在标句短语的核心位置，所以结构 [何 / 奚（+ 以）+ XP + 为] 中的“为”可以替换为其他句末语气词，如“乎”。

（86）a. 何厚葬乎？（《史记·酷吏列传》）

b. 何厚葬为？（《汉书·张汤传》）

（87）a. 君以臣之言告二主乎？（《韩非子·十过》）

b. 君又何以疵言告韩、魏之君为？（《战国策·赵策一》）

在（86）和（87）中，句末语气词“为”都可以替换为“乎”。因为“为”是句末语气词，表示疑问或反诘。如果句子使用了其他手段表达疑问或反诘，句末语气词“为”则可以省略。

（88）a. 天下同宗，死长安即葬长安，何必来葬为！

（《史记·吴王濞列传》）

b. 天下一宗，死长安即葬长安，何必来葬！

（《汉书·荆燕吴传》）

（88a）中使用句末语气词“为”表达反诘的语用效果。在（88b）中没有使用句末语气词“为”，而是通过其他语法手段来表达反诘的效果。

第四节　句末语气词“为”与语调的实现

我们已论证了结构 [何 / 奚为（+ 以）+ XP] 通过互补删略生成 [何 / 奚（+ 以）+ XP + 为]，“为”占据了标句短语核心的位置，但句法无法给出“何为”要进行互补删略的动因。黄梅等（2017）指出，现代汉语的核心重音指派规则决定了离合词的互补删略。本书认为，上古汉语中“何为”进行互补删略也是韵律促发的结果。

一、“为”标识疑问语气

王引之（1984）等把“为”视为语助词，但并没有说明句末语气词“为”的具体性质。过去的研究一般认为结构[何/奚(+以)+XP+为]用来表示疑问和反诘(马建忠，1898；周法高，1959；魏培泉，1989；等等)。

(89)其为衣裘**何以为**？冬以圉寒，夏以圉暑。

其为宫室**何以为**？冬以圉风寒，夏以圉暑雨。

其为甲盾五兵**何以为**？以圉寇乱盗贼。

其为舟车**何以为**？车以行陵陆，舟以行川谷，以通四方之利。(《墨子·节用上》)

(90)孟氏问曰："人而已矣，**奚以名为**？"

曰："以名者为富。"(《列子·杨朱》)

(91)胜自砺剑，人问曰："**何以为**？"

胜曰："欲以杀子西。"(《史记·伍子胥列传》)

在例(89)～(91)中，结构[何/奚(+以)+XP+为]都询问原因。作为问句，它们都有各自的答句，而且回答都是针对问句中的信息进行响应，例如“欲以杀子西”就是回答问句“何以为”的。

(92)诵《诗》三百，授之以政，不达；使于四方，不能专对；虽多，亦**奚以为**？(《论语·子路》)

《汉书》颜师古注："谓人不达于事，诵诗虽多，亦无所用。"

(93)亲逐而君，尔父为厉。是之不忧，而**何以田为**？

(《左传·襄公十七年》)

(94)吾**何以天下为**哉！悲夫！子之不知余也！(《庄子·让王》)

成玄英疏："道在其中，故不用天下。"

何乐士(1989：247)指出，反问句的形式特征一是下文常无答句，二是往往出现在复句或语段之末。(92)～(94)均无答句，而且（92）（93）均出现在复句之末，表示反诘。这一点也得到了历代注疏的支持。（92）和（94）中的注疏均用否定句解释问句中的结构 [何 / 奚（+ 以）+ XP + 为]，说明这两例中的问句都是反诘问句，而非询问原因与目的。俞理明（1993：154）指出："语气词'为'与汉语其他语气词不同，……它在本质上不是一个单纯的语气词……它的作用不是表示某种语气，而是表示一种否定的态度。"

二、"何 / 奚为"互补删略实现疑问语气

结构 [何 / 奚（+ 以）+ XP + 为] 中的语气词"为"总是用来标识疑问语气。问题是，为什么通过"何为"的互补删略表示疑问语气？

第一章已经讨论过，同为超音段形式，声调能够干扰语调的实现，使语调变为音段形式——句末语气词。对于"何为"生成 [何 + XP + 为] 的过程，罗元诰（1980）曾指出，"单独的'何'比复合的'何为'语势更为沉重，从而加重了询问的语势"。他留意到语调的变化对"何为"生成 [何 + XP + 为] 的影响，但并未进一步说明"语势沉重"的原因。

"何 / 奚为"进行互补删略生成结构 [何 / 奚（+ 以）+ XP + 为]，是因为韵律上语调受到句末最后一字声调的干扰，无法在标句短语核心实现，导致"何为"复制了一个拷贝到标句短语核心 C^0，并进行互补删略的结果。研究指出：语调需要在句末实现（赵元任，1929；曹文，2007；等等），在句末承担语调的词，受到自身声调的影响，该词负载的语调就会变为句末语气词（冯胜利，2015b）。冯胜利（2013c、2015b、2017a、2017b）进一步指

出：句末最后一字的声调也会受到语调的影响，形成声调、语调互动的局面。我们分别考察了 30 种先秦文献中使用结构 [何 / 奚为 + XP + [语调]] 和 [何 / 奚为 + XP + [句末语气词]] 标识疑问语气的情况，结果如表 4–2：

表 4–2　[何 / 奚为 + XP] 在上古汉语中的分布情况 [①]

时期	文献	末字平声		末字上声		末字去 / 入声		何 / 奚为 + XP + [句末语气词]	何 / 奚为 + XP+ [语调]
		+ 语气词	+ 语调	+ 语气词	+ 语调	+ 语气词	+ 语调		
春秋时期	《论语》	0	1	0	0	0	0	0	1
	《管子》	1	1	1	0	1	0	3	1
	《墨子》	0	1	0	0	3	0	3	1
	《左传》	0	0	0	0	0	1	0	1
	《国语》	0	2	0	0	0	1	0	3
战国时期	《孟子》	3	2	0	5	3	1	6	8
	《庄子》	4	1	0	0	2	0	6	1
	《韩非子》	2	4	0	2	2	7	4	13
	《吕氏春秋》	0	2	1	1	0	0	1	3
	《战国策》	2	5	1	3	1	5	4	13
	《晏子春秋》	0	4	2	2	1	6	3	12
	《礼记》	2	2	1	0	2	0	5	2
	《大戴礼记》	2	1	0	0	0	2	2	3
	《韩诗外传》	0	2	2	1	0	0	2	3
	总计	16	28	8	14	15	23	39	65

30 部文献中共有 104 例 [何 / 奚为 + XP]，其中 39 例使用了句末语气词，65 例则用语调表示疑问语气。

① 冯胜利（2017）指出上古汉语中“而”字结构两侧各自组成一个语调短语。这里讨论的结构中也有 XP 属于“而”字结构，例如：“子何为独立而不忧？”（《晏子春秋 · 杂篇》）“奚以之九万里而南为？”（《庄子 · 逍遥游》）。我们正在深入考察此类结构，限于篇幅，本书暂不讨论。

（95）今王死，其名未改，其众未败，何为还？

（《国语·鲁语》）

（96）昭侯召宰人之次而诮之曰："若何为置生肝寡人羹中？"（《韩非子·内储说下》）

（97）吾闻见人主者梦见日，奚为见寡人而梦见灶？

（《韩非子·内储说上》）

（98）南面而征，北狄怨，曰："奚为后我？"

（《孟子·梁惠王下》）

这里没有使用专门的语气词来标识疑问语气，都是使用语调来实现的。

同时我们考察了 30 部先秦文献中用 [何 / 奚 + XP + 为] 标识疑问语气的情况，并考察了 XP 末字的声调，结果如下：

表 4–3 [何 / 奚 + XP + 为] 中 XP 末字的调类分布

时期	文献	末字平声	末字上声	末字去 / 入声	何 / 奚 + XP + 为
春秋时期	《论语》	1	1	1	3
	《墨子》	1	6	0	7
	《左传》	1	1	1	3
	《国语》	1	0	1	2
	《管子》	0	0	1	1
战国时期	《孟子》	0	1	2	3
	《庄子》	3	2	2	7
	《荀子》	2	0	0	2
	《韩非子》	0	0	1	1
	《吕氏春秋》	1	0	2	3
	《战国策》	4	1	2	7
	《大戴礼记》	0	1	0	1
	《韩诗外传》	1	0	0	1
	合计	15	13	13	41

在我们考察的文献中，共出现41例[何/奚+XP+为]。其中XP末字为平声的有15例，为去/入声的有13例，为上声的有13例。

（99）昔者子胥过，吾犹不取，今我何以子之千金剑为乎？（《吕氏春秋·异宝》）

（100）何以圣为？（《左传·襄公二十二年》）

（101）奚以之九万里而南为？（《庄子·逍遥游》）

（102）子曰：“诵《诗》三百，授之以政，不达；使于四方，不能专对；虽多，亦奚以为？”（《论语·子路》）

根据已有的关于上古音的研究（段玉裁，2007；黄侃，1964；岑麒祥，1942；Pulleyblank，1995；郑张尚芳，2013；等等），早期上古汉语没有声调，到了春秋战国时期，由于紧喉的作用才出现上声（源于韵尾辅音/-ʔ/），去声（源于韵尾辅音/-s/）则至魏晋时期才彻底确立。

在结构[何/奚+XP+为]出现的先秦时代，根据前人的研究，上声刚刚产生，去声尚未建立。据此，汉语的声调格局是只有平声和上声两个调类。入声是一种促音节，所以并非一种调类（岑麒祥，1942；黄伯荣，1960；杨信川，1997；等等），“是与舒声相对的一种音节类型”（杨信川，1997）。

上声是不能延长的短促音节（郑张尚芳，2013）。当结构[何/奚为+XP]中的[何/奚为]进行互补删略生成结构[何/奚+XP+为]时，XP的末字与“为”组成[末字+为]。这个组合在韵律上形成前低后高（L-H）的上升调（rising tone）环境。和由XP末字的上声字调单独出现在句末相比，这种前低后高的声调组合与疑问句调更加匹配。这一韵律上的要求促发了“何 / 奚为”的互补删略。从统计结果看，先秦时代确实如此。如果句末 XP 末字为上声字，那么结构 [何 / 奚为 + XP] 进行互补删略，生成 [何 / 奚 + XP + 为]。例如：

（103）臣不忠于王，楚何以轸为？（《战国策·秦策一》）

（104）其为衣裘何以为？冬以围寒，夏以围暑。

（《墨子·节用上》）

（105）孔丘之于至人，其未邪？彼何宾宾以学子为？

（《庄子·德充符》）

XP 的最后一字“轸、以、子”均为上声字，音节不能延长。郑张尚芳（2013：209）指出，上古汉语中上声是短升调。上声字调需要一个平声字调，组成前低后高的上升字调组合，与疑问句调匹配，因此导致外状语“何为”进行互补删略，由音节成分“为”作为句末语气词占据这个位置。

例如当XP末字为上声字“以”时，文献中均用结构[以+为]的前低后高字调组合标识疑问语气，在先秦文献中没有 [* 何 / 奚为以] 的用例。

（106）其为衣裘何以为？冬以围寒，夏以围暑。

其为宫室何以为？冬以围风寒，夏以围暑雨。

其为甲盾五兵何以为？以围寇乱盗贼。

其为舟车何以为？车以行陵陆，舟以行川谷。

（《墨子·节用上》）

（107）诵《诗》三百，授之以政，不达；使于四方，不能专对；虽多，亦奚以为？（《论语·子路》）

平声字“为”可以和上声字“以”出现在句末，组成[以+为]的前低后高字调组合，与疑问句调匹配，因此“何 / 奚为”进行互补删略，使语气词“为”占据标句短语核心标识疑问语气。XP末字为上声字的情况统计如表 4–4 所示：

表 4–4　XP 末字为上声字时句末实现为语调 / 句末语气词的情况

时期	以语调实现 [何 / 奚为 +XP+[语调]]	以语气词实现 [何 / 奚 +XP+ 为]/ [何 / 奚为 +XP+ 语气词]
春秋时期	0	10
战国时期	16	15

从表 4–4 的统计结果看，春秋时期结构中的语气全部实现为句末语气词，战国时期虽然 XP 末字的上声字调可以促发互补删略，但也未禁止全句以 XP 末字结尾。依据前人研究，战国时期正是上声开始逐渐发展的时期。如果 XP 末字在先秦时期还未脱落喉塞尾变为上声，那么它无法与互补删略生成的“为”组成前低后高的字调组合，不必促发互补删略，因此这类 XP 末字仍可出现在结构 [何 / 奚为 + XP] 中，以语调标识疑问语气。

冯胜利（2010）、赵璞嵩（2014）均指出，上古汉语中人称代词“吾、我”是韵律上的隐形成分，它们受韵素音步的控制，对韵素数量敏感。这说明“我”仍未彻底确立上声字调，因为如果“我”已确立上声字调，那么“我”内部的韵素数量则不能影响“我”的韵律分量。所以当上古汉语中的“我”作为 XP 末字，结构 [何 / 奚为 + XP] 不必进行互补删略生成 [何 / 奚 + XP + 为]。类似的还有代词“此、者”。例如：

（108）a. 天下信之，东面而征，西夷怨；南面而征，北狄怨，曰："奚为后我？"（《孟子·梁惠王下》）

b. 冬十二月贾霜不杀菽，何为记此？（《韩非子·内储说上》）

c. 长者詈汝，少者和汝，汝何为取长者？（《战国策·秦策一》）

另外，我们认为上声字"酒、可"此时正处于过渡状态，因此以"酒、可"作为 XP 末字，结构 [何 / 奚为 + XP] 介于使用句末语气词和不用之间。以"可"为例：

（109）a. 应侯知蔡泽之欲困己以说，复曰："何为不可？"（《战国策·秦策三》）

b. 身虽死，无憾悔，何为不可哉？（《战国策·秦策三》）

在同一篇中，"可"既使用语调也使用句末语气词来实现语气，说明"可"本身尚处在过渡状态。如果把"我、此、者、可、酒"等 10 个特殊用例排除，那么战国时代以 XP 末字结尾的上声字仅有"止、祀、轵、死、鲍"5 种 6 例，它们出现在句末时仍以语调标记。但我们认为这 6 例都是孤立的特殊用法，而非系统性的语法操作的结果。例如，"枣"在现有的上古汉语语料中没有发现使用句末语气词表达疑问语气的用例。在现有语料中，上声字"受"和"祀"只在陈述句中使用句末语气词"也"等来实现语气，但疑问句未见"受、祀"使用句末语气词的用例（如"乎、邪、耶、哉"）。由此可见，当 XP 末字为上声字时，使用互补删略生成语气词“为”，组成[末字+为]的前低后高字调组合，是表达疑问语气的理想条件。

第五节　解释能力与理论推演

去声至魏晋南北朝时期才彻底从入声中独立出来（段玉裁，2007；奥德里古，1954；俞敏，1999；Pulleyblank，1995；郑张尚芳，2013；等等）。在上古汉语中，去声仍和入声归为一类，均为促音节。因此，当XP末字为去声和入声字时，[末字+为]同样组成前低后高的字调组合，与疑问句调匹配，促发了“何/奚为”的互补删略。

在上古汉语中，因为去声字带-s尾（奥德里古，1954；郑张尚芳，2013），在元音与鼻音、塞音韵尾/-m, -n, -ŋ, -b, -d, -g/后都可出现，所以“去声与入声韵、阴声韵和阳声韵都有关系”（郑张尚芳，2013）。例如，上古音为平声文部的“尊”/*ʔsuun/和去声真部的“奠”/* diiŋs/可以通假（梁月娥，2015）。

表4–5　XP末字为去/入声字时句末实现为语调/句末语气词的情况

时期	以语调实现 [何/奚为+XP+[语调]]	以语气词实现 [何/奚+XP+为]/ [何/奚为+XP+语气词]
春秋时期	2	6
战国时期	18	18

从统计的结果来看，春秋时期XP末字为去声和入声字时，

韵律更易促发互补删略实现为结构 [何 / 奚（+ 以）+ XP + 为]。到战国时代，实现互补删略与直接由 XP 末字出现在句末的用例相当。

（110）昔者子胥过，吾犹不取，今我何以子之千金剑为乎？（《吕氏春秋·异宝》）

（111）“多闻识乎？”

曰：“否。”

“然则奚为喜而不寐？”

曰：“其为人也好善。”（《孟子·告子下》）

（110）中的“剑”/*kams/ 是去声谈部，（111）中的“寐”/*mids/ 是去声至部。（110）采用互补删略，以 [剑 + 为] 的前低后高字调组合标识疑问语气，（111）则直接使用语调标识疑问语气（“喜而不寐”）。

第六节 结 论

本章首次指出，在上古汉语中外状语“何 / 奚为”运用互补删略的句法操作生成结构 [何/奚（+以）+ XP +为]。句末的“为”占据了标句短语核心的位置，标识疑问语气，在句法结构上和作为动词的“为”形成对立。

此外，本章首次从韵律句法学的角度指出是标句词短语的韵律要求促发了“何为”的互补删略。在结构 [何 / 奚（+ 以）+ XP + 为] 中，“何为”进行互补删略是韵律的要求。如果句末的最后一个字的字调为促音节，那么韵律促发状语“何为”进行互补删略，生成句末语气词“为”，和 XP 末字组成 [末字 + 为] 的前低后高字调组合，与疑问句调的实现形式更加匹配，标识疑问语气。这种现象在春秋时期尤为明显。当 XP 末字为促音节（上、去、入声）时，韵律促发互补删略的情况（16 例）远多于 XP 末字单独留在句末的情况（2 例）。

思考与练习

1. 请举例说明语调、声调与句末语气词的关系。

2. 为什么结构 [何（+ 以）+ XP + 为] 中的“为”不是动词?

3. 请简述中古汉语四声的来源。

5

第五章

结　语

第一节 主要结论

在上古汉语中，韵律是如何制约疑问词的构词及其句法的？这个问题一直未能得到足够的关注。学界的相关研究较少，如冯胜利（1994、2013）、Feng（1995）讨论了疑问宾语前置现象，冯胜利（2017a）讨论了上古汉语中疑问语调与平声字调的对应关系。在冯胜利（1994）、Feng（1995）的韵律句法学以及历时句法学的研究基础上，本书首次从韵律语法学的角度对这一语言现象进行了系统、综合的研究。全书分别从韵素、音节与语调短语三个重要的韵律层级，探索了韵律是如何控制句法的重大问题。其主要结论可分为以下三部分：

第一，从韵律层级中的最小单位——韵素入手（见本书第二章），以上古汉语疑问词“胡 *ga、何 *gal”在句法上的对立分布为例，讨论了上古汉语中韵素如何制约疑问词在特指疑问句中的句法分布。

在韵律上，疑问词“胡 *ga、何 *gal”是一个词的不同形式：双韵素“何 *gal”为标准形式，单韵素“胡 *ga”是在特定环境下出现的“何 *gal”的弱化形式。上古汉语的疑问代词的音步类型仍属于双韵素音步，因此疑问词“胡 *ga、何 *gal”的韵素数量决定了“胡 *ga”与“何 *gal”在韵律上的轻与重。“胡 *ga”比“何 *gal”少一个韵素 /-l/，韵律上比“何 *gal”轻。因此，韵素少的“胡 *ga”比韵素多的“何 *gal”在句法上受到更多的限制。

第二，我们沿着韵律层级结构向上关注音节层面，讨论了在核心重音与焦点重音的相互作用下，音节音步的历时演变（见本书第三章）。核心重音与焦点重音控制了上古汉语特指疑问句中疑问词的双音化。本书首次指出，在上古汉语中疑问词双音化时，非论元位置早于论元位置。疑问词双音化的过程出现这样的演变顺序，是核心重音与焦点重音共同作用的结果。

在上古汉语中，疑问词是韵律上的弱读形式，需要和其他成分组成双音节音步才能出现在韵律上要求凸显的位置。同时疑问词是特指疑问句的语义焦点，需要承担全句的焦点重音。弱读形式需要承担焦点重音，这一韵律冲突迫使疑问词必须组成双音节音步。在句法上表现为疑问词和其他句法成分组成了“随迁结构”。在附加语、定语等非论元位置，疑问词直接与相邻的句法成分组成双音节音步，构成双音节疑问词。在论元位置，单音节疑问词和单音节谓语组成双音节音步 [wh + V/A]，同时满足焦点重音和核心重音的要求，单音节疑问词自身未再进行双音化，没有组成双音节疑问词。直到中古汉语时期，论元位置的疑问词才开始双音化，组成双音节疑问词，如“何等、何物、何缘”等。

第三，进一步探究语调短语层面韵律对句法的制约作用，论证语调短语中句调转化为句末语气词，促发了互补删略的句法操作（见第四章）。本书立足韵律句法理论，首次指出特指疑问句

[何/奚（+以）+XP+为]中的句末语气词“为”是在外状语“何/奚为”的位置上，通过疑问语调的作用促发了句法上互补删略而生成的结果。

在上古汉语中，疑问语调受到全句末字中喉塞尾[-ʔ]的干扰，这导致疑问语调在句末转化为句末语气词。这一韵律上的要求，迫使底层结构[何/奚为（+以）+XP]中的外状语“何/奚为”进行互补删略，在句末生成句末语气词“为”，生成了表层结构[何/奚（+以）+XP+为]。

第二节 对于疑问句韵律句法学研究的意义

不同于马建忠（1898）以来的传统研究和Huang（1982）以来的汉语形式句法学研究，本书从韵律句法学（冯胜利，1994；Feng，1995）入手，首次对上古汉语中韵律控制的疑问词的构词及疑问词句法进行系统、综合的探索，其学术意义可归纳为如下三个方面。

一、提供新的语言事实

首先，从韵律句法学的角度探究上古汉语疑问词及疑问句的词法和句法，为上古汉语的研究提供了一些新的语言事实。

第一类新的语言事实是过去研究未曾观察到的语言现象。例如，本书指出上古汉语中的疑问词双音化呈现出非论元位置早于论元位置的顺序。这一问题在过去对上古汉语双音化问题的研究中未见有人讨论。传统研究虽然分别从历时层面和共时层面对论元位置与非论元位置的疑问词双音化现象进行过描写，但未见对二者双音化演变的先后顺序差异及其成因进行讨论。

第二类新的语言事实是过去的研究认为同质的语言现实，本书经由韵律句法学的讨论发现了其间的差异。例如，第五章讨论的疑问语气词“为”。传统研究把上古汉语中的双音节疑问词组合“何 / 奚 + 以”与特指疑问句 [何 / 奚（+ 以）+XP+ 为] 中的结构“何 / 奚 + 以”视为相同的结构。但是本书指出二者实际是两种不同的结构。因为结构 [何 / 奚 + 以 +VP+ 为] 中的“何 / 奚以”与其他疑问句中的“何 / 奚以”在能否统制否定词上出现对立。双音节组合“何 / 奚 + 以”之后可以出现否定词如“不、无”等，但结构 [何 / 奚 + 以 + VP + 为] 中的“何 / 奚以”之后不能出现否定词。

第三类新的语言事实是过去认为彼此无关的语言现象，本书经由韵律句法学的讨论发现其中某些是由同样的语法规则生成的。例如，过去的研究从未把询问原因的疑问句 [何 / 奚（+ 以）+ XP + 为] 与上声声调的发展联系起来。传统研究和形式语言学研究都把二者视为各自独立的语言现象。但基于冯胜利（2013a、2013c）的研究，本书指出，由于声调阻碍、干扰了语调的充分实现，促发“何为”进行互补删略生成了语气词“为”，并占据标句短语的核心。在上古汉语早期的文献（如《尚书》《诗经》等）中，因为汉语中还没有声调，所以也没有出现结构[何/奚（+以）+XP+ 为]。

二、系统讨论韵律—句法的交互作用

过去从韵律句法学出发对上古汉语特指疑问句的讨论，最突出的是冯胜利（1994、2013a）、Feng（1995）等探讨核心重音对疑问宾语前置现象的研究，以及冯胜利（2013c、2015b、2017a）对疑问句中语调、句末语气词和声调之间关系的讨论。本书在过去研究的基础上，分别从韵素、音节和语调短语三个不同的韵律层级对上古汉语特指疑问句中韵律控制句法的现象进行了分析。

按照 Selkirk（1980）、冯胜利（2010）等对韵律层级的分析，韵律的 8 个层级可以分为 4 组（参看本书第一章），每一组的韵律单位都与语法有不同的交互作用。本书所讨论的韵律层级与冯胜利（1994）对疑问词宾语前置的研究合并起来覆盖了全部的韵律组别。

此外，过去的研究指出，韵律—句法的交互作用中，韵律不仅可以限制句法操作，还可以激活句法操作（冯胜利，2000）。这些对韵律与句法交互作用的各种类型在本书中都有深入讨论。

韵律禁止的句法操作：第三章讨论韵素音步禁止单韵素弱化形式“胡 *ga”统制的句法成分进行 A-bar 句法移位。韵律激活的句法操作：第五章讨论在标句短语中语调转化为句末语气词，激活状语“何为”进行互补删略的句法操作。

第三节 对疑问词的韵律句法学研究的展望

作为韵律—句法界面的研究，韵律句法学研究本身可以给予我们多方面的启示，这将为人类语言的研究提供一个非常重要的角度。

首先，就上古汉语疑问词及疑问句本身的研究来说，从韵律语法学角度的深入探究仍然在不断推进。冯胜利（2017a）以语调和句末语气词之间的交替为切入点，发现了句末语气词的声调和句类之间系统的对应关系，进一步探讨了商代到周代语言的接触和承袭。

其次，从对上古汉语的研究来看，韵律控制句法的机制不会仅限于特指疑问句。冯胜利（1994、2013a）、Feng（1995）等已经发现否定句、陈述句中同样有韵律控制句法的机制在运作。冯胜利（2017b）在语调研究的基础上，进一步区分了语调和句调两种超音段成分。那么上古汉语中韵律控制句法的机制还制约了哪些句法操作？这个问题以及与之相关的大量的语言事实都有待进一步深入发掘和探索。

再次，从汉语的历时演变来看，过去的研究以及本书的分析已经指出，韵律在句法的历时演变中起到了重要作用，如把字句、被字句、动补结构以及宾语前置等。冯胜利（2017b）综合语调重音和核心重音的交互作用，讨论了韵律促发下“而”字结构的消失。那么在汉语的历时演变中还有其他哪些句法操作是由韵律激发的？又有哪些句法操作受到韵律的制约与限制？这都是汉语历时句法学研究亟待深入探究的问题。

最后，从全世界的语言研究来看，韵律控制句法不仅仅是汉语独有的规律。不少学者也尝试从韵律—句法的界面对其他语言进行探索，如 Richards（2010）对日语、英语、他加禄语（Tagalog）中韵律控制的疑问句的研究，Giblin & Steddy（2014）

对美国手语中疑问句的研究，戴庆厦（2015）对景颇语中韵律控制语序的研究，陈鑫海（2016）对羌语支中句末语气词和声调对应关系的研究，等等。可以说，韵律控制句法的机制不仅是汉语语法规则的一部分，更是人类普遍语法中不可或缺的一部分。我们在上古汉语中看到的韵律控制句法的事实仅是韵律—句法界面诸多现象中的沧海一粟。韵律句法学的研究不仅仅关乎汉语的面貌，还关乎整个人类语言的普遍语法原则的确立。

参考文献

[1] 奥德里古（Haudricourt，G.）著．马学进译．怎样拟测上古汉语 [A]. 1954. 中国语言学论集 [C]. 台北：幼狮文化事业公司，1977. 220-222.

[2] 贝罗贝、吴福祥．上古汉语疑问代词的发展与演变 [J]. 中国语文，2000（4）：311-382.

[3] 蔡维天. 为什么问怎么样，怎么样问为什么[J]. 汉学研究，2000（1）：209-235.

[4] 蔡维天．重温“为什么问怎么样，怎么样问为什么”——谈汉语疑问句和反身句中的内、外状语 [J]. 中国语文，2007（3）：195-207.

[5] 蔡维天．汉语疑问状语的事件结构 [J]. 现代中国语研究，2008（10）：1-10.

[6] 蔡维天．从“这话从何说起”说起 [J]. 语言学论丛，2011（43）：194-208.

[7] 蔡维天、冯胜利．说“们”的位置：从句法—韵律的界面谈起 [J]. 语言学论丛，2006（32）：46-63.

[8] 曹文．赵元任先生对汉语语调研究的贡献 [J]. 世界汉语教学，2007（4）：75-85.

[9] 岑麒祥．入声非声说 [J]. 图书月刊，1942（7）：8-66.

[10] 陈丹丹 . 汉语史上关系从句的类型学考察 [D]. 北京：中国社会科学院博士学位论文，2009.

[11] 陈静 .《史记》问句系统研究 [D]. 福州：福建师范大学博士学位论文，2009 .

[12] 陈鑫海 . 羌语支诸语言的声调、韵律和语气词 [J]. 澳门语言学刊，2016（1）：87-96.

[13] 陈远秀 ."主之谓" ——上古汉语动词名物化研究 [D]. 香港中文大学硕士学位论文，2013.

[14] 程俊英、蒋见元 .《诗经》注析 [M]. 北京：中华书局，1991.

[15] 程湘清主编 . 先秦汉语研究 [C]. 济南：山东教育出版社，1992.

[16] 崔四行 ."右向构词、左向造语" 理论的合法性——以三音节状中结构中副词作状语为例 [J]. 河南科技大学学报，2011（5）：62-66.

[17] 戴庆厦 . 景颇语的韵律与语法结构演变 [A]. 冯胜利主编 . 汉语韵律语法新探 [C]. 上海：中西书局，2015. 240-256.

[18] 戴维 · 克里斯特尔编 . 沈家煊译 .《现代语言学词典》(第 4 版) [M]. 北京：商务印书馆，2000.

[19] 邓丹、石锋、冯胜利 . 韵律制约句法的实验研究——以动补带宾句为例 [J]. *Journal of Chinese Linguistics*，2008（2）：195-210.

[20] 邓思颖. 粤语疑问句末 "先" 字的句法特点[J]. 中国语文,2006（3）：225-232.

[21] 丁邦新 . 上古汉语的音节结构 [J]. 历史语言研究所集刊，1979（4）：717-741.

[22] 丁声树 . 论《诗经》中的 "何" "曷" "胡" [J]. 历史语言研究所集刊，1948（4）：349-370.

[23] 董秀芳 . 述补带宾句式中的韵律制约 [J]. 语言研究，1998（1）：55-62.
[24] 董秀芳 . 词汇化：汉语双音词的衍生和发展（修订本）[M]. 北京：商务印书馆，2013（2002）.
[25] 段玉裁著 . 许惟贤标点 . 说文解字注 [M]. 南京：凤凰出版社，2007.
[26] 方有国 . 上古汉语语法研究 [M]. 成都：巴蜀书社，2002.
[27] 冯赫 . 汉语演变过程中的韵律构词：基于性状指示词“许”历时形成的考察 [J]. 上东大学学报，2014（3）：113-119.
[28] 冯胜利. 论上古汉语的重音转移与宾语后置[J]. 语言研究，1994（1）：79-93.
[29] 冯胜利 . 论汉语的“韵律词”[J]. 中国社会科学，1996（1）：161-176.
[30] 冯胜利 . 汉语的韵律、词法与句法 [M]. 北京：北京大学出版社，1997.
[31] 冯胜利 . 论汉语的自然音步 [J]. 中国语文，1998（1）：40-47.
[32] 冯胜利 . 汉语韵律句法学 [M]. 上海：上海教育出版社，2000.
[33] 冯胜利 . 论汉语“词”的多维性 [J]. 当代语言学，2001（3）：161-174.
[34] 冯胜利 . 汉语声调对音步和音变的影响和作用 [A]. 中国人民大学中文系编 . 语言研究的务实与创新：庆祝胡明扬教授八十华诞学术论文集 [C]. 北京：外语教学与研究出版社，2004. 103-122.
[35] 冯胜利. 轻动词移位与古今汉语的动宾关系[J]. 语言科学，2005a（1）：3-16.
[36] 冯胜利 . 汉语韵律语法研究 [M]. 北京：北京大学出版社，2005b
[37] 冯胜利 . 论三音节音步的历史来源与秦汉诗歌的同步发展 [J]. 语言学论丛，2008（37）：18-54.
[38] 冯胜利 . 汉语的韵律、词法与句法（修订本）[M]. 北京：北京大学出版社，2009a.

[39] 冯胜利 . 论汉语韵律的形态功能与句法演变的历史分期 [J]. 历史语言学研究，2009b（2）：11-31.

[40] 冯胜利 . 汉语节律音系学中的几个常见问题 [R]. 中国语言学暑期高级讲习班，天津，2010.

[41] 冯胜利 . 韵律句法学研究的历程与进展 [J]. 世界汉语教学，2011（1）：13-31.

[42] 冯胜利 . 上古单音节音步例证 [J]. 历史语言学研究，2012（5）：78-90.

[43] 冯胜利 . 汉语韵律句法学（增订本）[M]. 北京：商务印书馆，2013a.

[44] 冯胜利. 上古音韵研究的新视角[A]. 石锋、彭刚主编. 大江东去——王士元教授八十岁贺寿文集[C]. 香港：香港城市大学出版社，2013b. 71-84.

[45] 冯胜利 . 声调、语气与语力短语——汉语语气词的性质与来源 [R]. 汉语句末助词的历史与现状学术研讨会，香港，2013c.

[46] 冯胜利 . 上古汉语轻动词的句法分析优于词法加缀说例证 [A]. 何志华、冯胜利主编 . 承继与拓新：汉语语言文字学研究 [C]. 香港：商务印书馆，2014. 233-257.

[47] 冯胜利 . 汉语韵律诗体学论稿 [M]. 北京：商务印书馆，2015a.

[48] 冯胜利. 声调、语调与汉语的句末语气[J]. 语言学论丛，2015b（51）：52-79.

[49] 冯胜利 . 从句末语气词、语调和声调看商周语言的接触与承袭 [A]. 徐丹主编 . 语言接触和语言变异研究 [C]. 北京：商务印书馆，2017a. 11-36.

[50] 冯胜利 . 汉语句法、重音、语调相互作用的语法效应 [J]. 语言教学与研究，2017b（3）：1-17.

[51] 顾颉刚、刘起釪 . 尚书校释译论 [M]. 北京：中华书局，2005.

[52] 郭锐. 离合词和不完整词形成机制探讨——兼论准定语的形成机制[R]. 北京大学前沿问题讲座，北京，2013.

[53] 郭锡良 . 汉语史论集（增补本）[M]. 北京：商务印书馆，2005.

[54] 何丹鹏 . 再论粤语“埋”的用法及语义演变 [R]. 第十五届国际粤方言学术研讨会，澳门，2010.

[55] 何乐士 . 左传虚词研究 [M]. 北京：商务印书馆，1989.

[56] 何乐士 . 古汉语语法研究论文集 [M]. 北京：商务印书馆，2000.

[57] 何乐士、敖镜浩、王克仲、麦梅翘、王海棻. 古代汉语虚词通释[M]. 北京：北京出版社，1985 .

[58] 洪成玉、廖祖桂 . 句末的“为”应该是语气词 [J]. 中国语文，1980（5）：379.

[59] 洪爽 . 现代汉语副动搭配及相关结构的韵律研究 [D]. 北京：北京大学博士学位论文，2009.

[60] 胡敕瑞 . 从“隐含”到“呈现”（上）——试论中古词汇的一个本质变化 [J]. 语言学论丛，2005（31）：295-305.

[61] 胡敕瑞 . 从“隐含”到“呈现”（下）——词汇变化影响语法变化 [J]. 语言学论丛，2008（38）：99-110.

[62] 胡明扬 . 胡明扬语言学论文集 [C]. 北京：商务印书馆,2003（1981）.

[63] 黄伯荣 . 阳江话“入声非声”实验报告 [J]. 甘肃师范大学学报，1960（1）：123.

[64] 黄侃 . 黄侃论学杂著 [M]. 北京：中华书局，1964 .

[65] 黄梅 . 现代汉语嵌偶单音词的句法分析及其理论意义 [D]. 北京：北京语言大学博士学位论文，2008.

[66] 黄梅、庄会彬、冯胜利 . 韵律促发下的重新分析 [J]. 语言科学，2017（3）：158-170.

[67] 贾齐华 . 疑问句尾的“为”词性演变谈略 [J]. 中国语文，2003（5）：449-480.

[68] 蒋绍愚 . 近代汉语研究概况 [M]. 北京：北京大学出版社，1994.

[69] 蒋绍愚 .“给”字句、“教”字句表被动的来源——兼谈语法化、类推和功能扩展 [J]. 语言学论丛，2002（26）：159-177.

[70] 蒋绍愚 . 词义变化与句法变化 [A]. 何志华、冯胜利主编 . 承继与拓新：汉语语言文字学研究 [C]. 香港：商务印书馆，2014. 1-38.

[71] 黎锦熙 . 比较文法 [M]. 北京：中华书局，1986（1933）.

[72] 黎翔凤撰，梁运华整理 . 管子校注 [M]. 北京：中华书局，2004.

[73] 李方桂 . 上古音研究 [M]. 北京：商务印书馆，1980.

[74] 李果 . 从姓名单双音节选择看上古韵律类型的转变 [J]. 古汉语研究，2015（2）：58-66.

[75] 李果 . 从韵律看上古汉语的“胡 *gaa”与“何 *gaal” [J]. 汉语史研究集刊，2017（22）：80-102.

[76] 李果 . 从韵律看上古汉语功能词的双音化 [J]. 汉语史研究集刊，2018（24）：176-192.

[77] 李果 . 互补删略与上古汉语反诘语气词“为” [J]. 语言研究集刊，2018（22）：196-217.

[78] 李学勤主编 . 廖名春、陈明整理 . 吕绍纲审定 . 尚书正义 [M]. 北京：北京大学出版社，1999.

[79] 梁月娥 . 两周金文动宾结构中的单双音节现象研究 [A]. 冯胜利主编 . 汉语韵律语法新探 [C]. 上海：中西书局，2015. 332-341.

[80] 林茂灿 . 疑问和陈述语气与边界调 [J]. 中国语文，2006（4）：364-376.

[81] 刘开骅 . 中古汉语疑问句研究 [M]. 哈尔滨：黑龙江人民出版社，2008.

[82] 龙国富 . 姚秦译经中疑问句为的“为”[J]. 古汉语研究，2003（2）：43-46.

[83] 鹿钦佞 . 汉语疑问代词非疑问用法的历史考察 [D]. 天津：南开大学博士学位论文，2008.

[84] 吕叔湘 . 文言虚字 [M]. 北京：中国青年出版社，1954.

[85] 吕叔湘 . 中国文法要略 [M]. 北京：商务印书馆，1982（1941）.

[86] 吕叔湘著，江蓝生补 . 近代汉语指代词 [M]. 上海：学林出版社，1985.

[87] 罗元诰. 谈谈“何为”的拆置与“为”的虚化[J]. 江西大学学报（社会科学版），1980（4）：57-63.

[88] 马衡 . 汉石经集存 [M]. 北京：科学出版社，1957.

[89] 马建忠著 . 吕叔湘、王海棻编 .《马氏文通》读本 [M]. 上海：上海教育出版社，2001（1898）.

[90] 麦梅翘 .《左传》的“乎”[A]. 中国社会科学院语言研究所古代汉语教研室编 . 古汉语研究论文集（三）[C]. 北京：北京出版社，1987. 22-47

[91] 梅广 . 国语语法中的动词组补语 [A]. 屈万里先生七秩荣庆论文集编辑委员会主编 . 屈万里先生七秩荣庆论文集 [C]. 台北：联经出版事业公司，1978. 511-536.

[92] 潘海华、叶狂 . 离合词和同源宾语结构 [J]. 当代语言学，2015（3）：304-319.

[93] 潘悟云 . 汉语历史音韵学 [M]. 上海：上海教育出版社，2000.

[94] 潘悟云 . 东亚语言中的“土”与“地”[J]. 民族语文，2013（5）：3-12.

[95] 潘允中 . 汉语语法史概要 [M]. 郑州：中州书画社，1982.

[96] 邵敬敏 . 现代汉语疑问句研究 [M]. 上海：华东师范大学出版社，1996.

[97] 施向东、朱红 . 汉语第一人称代词和藏语 [R]. 国际人类学与民族学联合会第 16 届世界大会，昆明，2009.

[99] 太田辰夫著 . 蒋绍愚、徐昌华译 . 中国语历史文法（修订本）[M]. 北京：北京大学出版社，1987.

[99] 汤庭池 . 汉语词法句法续集 [M]. 台北：台湾学生书局，1989.

[100] 王芳 . “何以……为”系列固定结构之我见 [J]. 徐州师范大学学报，2000（3）：59-61.

[101] 王海棻 . 古汉语疑问范畴辞典 [M]. 南京：江苏教育出版社，2001.

[102] 王洪君 . 汉语语音词的韵律类型 [J]. 中国语文，1996（1）：161-176.

[103] 王洪君 . 汉语非线性音系学（增订版）[M]. 北京：北京大学出版社，2008（1999）.

[104] 王洪君 . 基础复合词与再阶复合词的韵律和句法语义模版 [R]. IACL-20 Satellite Workshop：“汉语复合词：词汇、句法、语义、和韵律的交汇点”，香港，2012.

[105] 王力 . 中国语法理论 [M]. 北京：中华书局，1984（1944）.

[106] 王力 . 汉语史稿 [M]. 北京：中华书局，1980（1954）.

[107] 王力 . 古代汉语 [M]. 北京：中华书局，1999.

[108] 王丽娟 . 从韵律看介词的分布及长度 [J]. 语言科学，2008（7）：300-307.

[109] 王丽娟 . 从名词、动词看现代汉语普通话双音节的韵律形态 [D]. 北京：北京语言大学博士学位论文，2009.

[110] 王念孙 . 读书杂志 [M]. 台北：广文书局，1971.

[111] 王先慎 . 韩非子集解 [M]. 北京：中华书局，2003.

[112] 王引之著 . 黄侃、杨树达评 . 经传释词 [M]. 长沙：岳麓书社，1984.

[113] 王云路 . 试谈韵律与某些双音词的形成 [J]. 中国语文，2007（3）：258-288.

[114] 王志洁 . 儿化韵的特征架构 [J]. 中国语文，1997（1）：2-10.

[115] 魏培泉 . 从上古汉语到中古汉语语法的重要发展 [A]. 何大安主编 . 古今通塞：汉语的历史与发展 [C]. 台北："中央研究院" 语言学研究所，2003.

[116] 魏培泉 . 汉魏六朝称代词研究 [M]. 台北："中央研究院" 语言学研究所，2004（1989）.

[117] 魏培泉 . 论先秦汉语运符的位置 [A]. In Honor of Tsu-lin Mei: Studies on Chinese Historical Syntax and Morphology[C]. Ed. Alain Peyraube & Sun Chaofen. Paris: Ecole des Hautes Etudes en Sciences Sociales, 1999.

[118] 吴宗济 . 普通话语句中的声调变化 [J]. 中国语文，1982（6）：439-449.

[119] 向熹 . 诗经辞典（修订本）[M]. 北京：商务印书馆，2014（1986）.

[120] 肖小平 . 代动词 "为" 及其相关问题研究 [D]. 武汉：华中师范大学博士学位论文，2012.

[121] 谢小娟 . 试说汉语疑问句尾的 "为" [J]. 语文学刊，2006（12）：108-109.

[122] 熊子瑜 . 韵律单元边界特征的声学语音学研究 [J]. 语言文字应用，2003（2）：116-121.

[123] 徐杰、李英哲．焦点和两个非线性语法范畴："否定""疑问"[J]，中国语文，1993（1）：81-92.

[124] 许皓光. 试谈反问句语义形成的诸因素[J]. 辽宁大学学报，1985（3）：66-68.

[125] 许进．疑问句尾"为"的词性 [J]. 山东师范大学学报（人文社会科学版），1983（1）：55-58.

[126] 许威汉．先秦文学语言例论 [M]. 郑州：中州古籍出版社，1984.

[127] 杨伯峻、何乐士．古汉语语法及其发展（修订本）[M]. 北京：语文出版社，2001（1992）.

[128] 杨树达．高等国文法 [M]. 北京：商务印书馆，1984（1928）.

[129] 杨信川. 试论入声的性质及其演变[J]. 广西师范大学学报，1997（1）：77-84.

[130] 杨永龙. 先秦汉语语气词同现的结构层次[J]. 古汉语研究，2000（4）：23-29.

[131] 杨永龙．汉语史论稿 [M]. 北京：中国社会科学出版社，2009.

[132] 叶军．现代汉语节奏研究 [M]. 上海：上海书店出版社，2008.

[133] 俞理明．佛经文献语言 [M]. 成都：巴蜀书社，1993.

[134] 俞敏．经传释词札记 [M]. 长沙：湖南教育出版社，1987.

[135] 俞敏．俞敏语言学论文集 [M]. 北京：商务印书馆，1999.

[136] 张军、王述锋．古汉语"何……为"句式新探 [J]. 辽宁大学学报，1997（2）：51-55.

[137] 张其昀．古代汉语 [M]. 南京：江苏教育出版社，1994.

[138] 张儒．也说疑问句尾"为"[J]. 中国语文，2000（2）：168-170.

[139] 张玉金．西周汉语代词研究 [M]. 北京：中华书局，2001.

[140] 张振林．先秦古文字材料中的语气词 [A]. 1982. 曾宪通主编．古文字与汉语史论集 [C]. 广州：中山大学出版社，2002. 93-104.

[141] 章太炎．章太炎全集（五）：太炎文录续编 [C]，上海：上海人民出版社，1985.

[142] 赵璞嵩．吾、我之异与鱼歌二部的韵律对立 [J]. 云汉学刊，2012（25）：1-17.

[143] 赵璞嵩．从“吾”“我”的互补分布看上古汉语韵素的对立分布 [D]. 香港：香港中文大学博士学位论文，2014.

[144] 赵元任．北平语调的研究 [A]. 1929. 孟晓妍选编，清华大学国学研究院主编．赵元任文存 [C]. 南京：江苏人民出版社，2015. 235-251.

[145] 赵元任．汉语词的概念及其结构和节奏 [A]. 1975. 潘文国、杨自俭主编．共性・个性・视角——英汉对比理论与方法研究 [C]. 上海：上海外语教育出版社，2008. 60-75.

[146] 郑权中．汉语句尾疑问助词和被动语态演变的研究[J]. 复旦学报（社会科学版），1955（2）：53-64.

[147] 郑张尚芳．上古音系（第二版）[M]. 上海：上海教育出版社，2013.

[148] 周法高．中国古代语法：称代编 [M]. 台北：台联国风出版社，1959.

[149] 周建姣．试说《太平经》中的“何以”与“以何”——兼论先秦至东汉疑问代词宾语的位置问题 [J]. 江西社会科学，2006（5）：185-188.

[150] 朱承平．先秦汉语句尾语气词的组合及组合层次 [J]. 中国语文，1998（4）：299-303.

[151] 朱德熙．语法讲义 [M]. 北京：商务印书馆，1982.

[152] 朱德熙．自指和转指——汉语名词化标记“的、者、所、之”的语法功能和语义功能 [J]. 方言，1983（1）：16-31.

[153] 朱庆之. 试论汉魏六朝佛典里的特殊疑问词[J]. 语言研究，1990（1）：75-117.

[154] 朱赛萍 . 温州方言动后介词结构的韵律句法研究 [M]. 杭州：浙江人民出版社，2015.

[155] 朱运申 . 关于疑问句尾的“为”[J]. 中国语文，1979（6）：443-444.

[156] 庄会彬、刘振前 . 汉语合成复合词的构词机制与韵律制约 [J]. 世界汉语教学，2011（4）：497-506.

[157] Aldridge, E. Clause-internal wh-movement in Archaic Chinese[J]. *Journal of East Asian Linguistics* 19.1 (2010):1-36.

[158] Aoun, J. & Y.-H. A. Li. Wh-elements in situ: Syntax or LF?[J]. *Linguistic Inquiry* 24.2 (1993):199-238.

[159] Aissen, J. Topic and focus in Mayan[J]. *Language* 68.1 (1992): 43-80.

[160] Baxter, W. *A Handbook of Old Chinese Phonology*[M]. Berlin: Mouton De Gruyter, 1992.

[161] Beck, S. Intervention effects follow from focus interpretation[J]. *Natural Language Semantics* 14 (2006): 1–56.

[162] Belletti, A. Aspects of the low IP area[A]. *The Structure of CP and IP*[C], Ed. Luigi Rizzi. Oxford: Oxford University Press, 2004: 16-51.

[163] Belletti, A. Extended doubling and the VP periphery[J]. *Probus* 17.1 (2005): 1-35.

[164] Calabrese, A. Some informal remarks on focus and logical structures in Italian [A]. Harvard Working Papers in Linguistics [C]. Ed. K. Susumi and Thráinsson. Vol 1, 1992: 91-127.

[165] Chao, Y. *A Grammar of Spoken Chinese*[M]. Berkeley: University of California Press, 1968.

[166] Cheng, L. L.-S. On the typology of wh-questions[D]. Unpublished Ph.D. thesis at MIT, 1991.

[167] Chomsky, N. *Lectures on Government and Binding*[M]. Dordrecht: Foris, 1981.

[168] Chomsky, N. *Minimalist Program*[M]. Cambridge: MIT Press, 1995.

[169] Cinque, G. *Types of A'Dependencies*[M]. Cambridge: MIT Press, 1990.

[170] Cinque, G. A null theory of phrase and compound stress[J]. *Linguistic Inquiry* 24.2(1993): 239-297.

[171] Cinque, G. *Adverbs and Functional Heads*[M]. Oxford: Oxford University Press, 1999.

[172] Constant, N. 2011. On the independence of Mandarin aspectual and contrastive sentence-final *ne*[A]. *Proceedings of the 23rd North American Conference on Chinese Linguistics*[C]. Ed. Zhuo Jing-Schmidt. Eugene: University of Oregon, 2011:15-29.

[173] Constant, N. Contrastive topic: meanings and realizations[D]. Unpublished Ph.D. thesis at University of Massachussets, Amherst. 2014.

[174] Crystal, D. *A Dictionary of Linguistics and Phonetics (6th edition)*[M]. Oxford: Blackwell Publishing, 2008.

[175] Dong, H. Issues in the semantics of Mandarin questions[D]. Unpublished Ph.D. thesis at Cornell University. 2009.

[176] Duanmu, S. A formal study of syllable, tone, stress, and domain in Chinese Language[D]. Unpublished Ph.D. thesis at MIT, 1990.

[177] Emonds, J. The verbal complex V'-V" in French[J]. *Linguistic Inquiry* 9.2(1978):151-174.

[178] Erlewine, M. Sentence-final particles at the vP phase edge[A]. *Proceedings*

of the 25th North American Conference on Chinese Linguistics (NACCL-25) [C]. Ann Arbor: University of Michigan, 2013.

[179] Fanselow, G. & D. Ćavar. Distributed deletion[A]. *Theoretical Approaches to Universals*[C]. Ed. Artemis Alexiadou. Amsterdam: John Benjamins, 2002: 65–107.

[180] Feng, S. Prosodic structure and word order change in Chinese[J]. *The PENN Review of Linguistics*15 (1991): 21-31.

[181] Feng, S. Prosodic structure and prosodically constrained syntax in Chinese[D]. Unpublished Ph.D. thesis at University of Pennsylvania.1995.

[182] Feng, S. Prosodically constrained syntactic change in early archaic Chinese[J]. *Journal of East Asian Linguistics* 5.4 (1996): 323-371.

[183] Feng, S. Prosodically motivated and syntactically licensed VR and Adv – V forms in Classical Chinese[A]. *Studies of Semantics and Syntax in Chinese*[C]. Ed. Xu Jie. Singapore: Prentice Hall.1999 (2003).

[184] Feng, S. Prosodically constrained post-verbal PPs in Mandarin Chinese[J]. *Linguistics* 41.6 (2003): 1085-1122.

[185] Feng, S. Facts and mechanisms of prosodic syntax in Chinese[R]. Paper presented at the Chinese Linguistics Workshop, Chicago: Chicago University. 2006.

[186] Feng, S. Empty operator movement in Chinese passive syntax[A]. 1989. *The Beauty of Mathematical Logic: An Anthology in Commemorate of Prof. Fang Li* (《数理逻辑之美——方立教授纪念文集》) [C]. Ed. Wang Lujiang & Si Fuzhen. Beijing: Beijing Language and Culture University Press，2011. 117-137.

[187] Feng, S. Historical syntax of Chinese[A]. *The Handbook of Chinese Linguistics*[C]. Ed. C.-T. James, Huang, Y.-H. Audrey Li, & Andrew Simpson. New York: Wiley Blackwell, 2014.537-575.

[188] Fingo, R., C.-T. J. Huang., H. Lasnik., & T. Reinhart. The syntax of wh-in-situ[J]. *WCCFL*7 (1988): 81-98.

[189] Giblin, I. & S. Steddy. Prosodic disambiguation of in-situ wh-phrases[R]. Paper presented at the 2014 Annual Meeting of the Linguistics Association of Great Britain, The Queen's College, Oxford. 2014.

[190] Göksel, A. & C. Kerslake. *Turikish: A Comprehensive Grammar*[M]. New York: Routledge, 2005.

[191] Gussenhoven, C. Focus, mode and nucleus[J]. *Journal of Linguistics* 19.2 (1983): 377-417.

[192] Haida, A. The indefiniteness and focusing of wh-words[D]. Unpublished Ph.D. thesis at Humboldt Universität zu Berlin. 2007.

[193] Hayes, B. Iambic and trochaic rhythm in stress rule[J]. *Berkeley Linguistics Society*13 (1985):429-446.

[194] Hayes, B. A revised parametric metrical theory[J]. *Northeastern Linguistic Society* 17 (1987):274-289.

[195] Hayes, B. The prosodic hierarchy in meter[A]. *Rhythm and Meter*[C]. Ed. Kaspersky. P. & G. Youmans. Orlando. Academic Press,1989. 201-260.

[196] Hayes, B. *Metrical Stress Theory-Principles and Case Studies*[M]. Chicago: The University of Chicago Press,1995.

[197] Hogg, R. & C. B. McCully. *Metrical Phonology: A Course Book*[M]. Cambridge: Cambridge University Press,1987.

[198] Huang, C.-T. J. Logical relations in Chinese and the theory of grammar[D]. Unpublished Ph.D. thesis at MIT. 1982.

[199] Huang, C.-T. J. *Wo pao de kuai* and Chinese phrase structure[J]. *Language* 64.2 (1988): 274-311.

[200] Huang, C.-T. J., Y.-H. A, Li. & Yafei Li. *The Syntax of Chinese*[M]. Cambridge: Cambridge University Press, 2009.

[201] Hyamn, L. Boundary tonology and the prosodic hierarchy[A]. *The Phonology-Syntax Connection*[C]. Ed. Inkelas, S. & D. Zec. Chicago: University of Chicago Press, 1990.109-125.

[202] Ishihara, S. Intonation and interface conditions[D]. Unpublished Ph.D. thesis at MIT. 2003.

[203] Itô, J. A prosodic theory of epenthesis[J]. *Natural Language & Linguistic Theory* 7.2 (1989): 217-259.

[204] Jackendoff, R. *Semantic Interpretation in Generative Grammar*[M]. Cambridge: MIT Press, 1972.

[205] Kotek, H. Composing questions[D]. Unpublished Ph.D. thesis at MIT. 2014.

[206] Kreiman, J. Perception of sentence and paragraph boundaries in natural conversation[J]. *Journal of Phonetics* 10.2 (1982): 163-175.

[207] Lasnik, H. *Minimalist Analysis*[M]. Oxford: Blackwell Publishing,1999.

[208] Liberman, M. The intonation system of English[D]. Unpublished Ph.D. thesis at MIT. 1975.

[209] Liberman, M. & A. Prince. On stress and linguistic rhythm[J]. *Linguistic Inquiry* 8.2 (1977): 249-336.

[210] Lin, J. On existential polarity wh-phrases[J]. *Journal of East Asian Linguistics* 7.3 (1998): 219-255.

[211] Lin, Y. Autosegmental treatment of segmental processes in Chinese phonology[D]. Unpublished Ph.D. thesis at University of Texas at Austin.1989.

[212] McCarthy, J. Pausal phonology and morpheme realization[A]. *Prosody Matters: Essays in Honor of Lisa Selkirk*[C]. Ed. T. Borowsky. Sheffield: Equinox Publishing. 2011.

[213] McCarthy, J. & A. Prince. *Prosodic Morphology*[R]. Department of Linguistics, University of Massachusetts, Amherst. & Program in Linguistics, Brandeis University. 1986.

[214] McCarthy, J. & A. Prince. Foot and word in prosodic morphology: The Arabic broken plural[J]. *Natural Language and Linguistic Theory* 8.2: 209-283. 1990.

[215] McCarthy, J. & A. Prince. Prosodic morphology I—constraint interaction and satisfaction. Unpublished manuscript. University of Massachusetts & Rutgers University. 1993.

[216] Miyagawa, S. *Why Agree? Why Move?*[M]. Cambridge: MIT Press, 2010.

[217] Nespor, M. & I. Vogel. *Prosodic Phonology*[M]. Dordrecht: Foris Publications. 1986.

[218] Paul, W. Why particles are not particular: sentence-final particles in Chinese as heads of a split CP[J]. *Studia Linguistica* 68.1(2014): 77-115.

[219] Peyraube, A. 1996. Recent issues in Chinese historical syntax[A]. *New*

Horizons in Chinese Linguistics[C]. Ed. Huang, C.-T. J.&Y.-H. A. Li. New York: Kluwer Academic Publishers. 1996. 161-213.

[220] Peyraube, A. & Ming Li. Theory of semantic change and the study of semantic and grammatical changes（语义演变理论与语义演变和句法演变）[A]. *Contemporary Lingusitic Theories and Related Studies on Chinese*（《当代语言学理论和汉语研究》）[C]. Ed. Shen Yang & Feng Shengli. Beijing: The Commercial Press. 2008. 1-25.

[221] Pollock, J. Verb movement, universal grammar and the structure of IP[J]. *Linguistic Inquiry* 20.3(1989):365-425.

[222] Pulleyblank, E. *Outline of Classical Chinese Grammar*[M]. Vancouver: UBC Press, 1995.

[223] Prince, A. A metrical theory for Estonian quantity[J]. *Linguistics Inquiry* 11.3(1980): 511-562.

[224] Quirk, R. *A Grammar of Contemporary English*[M]. London: Longman, 1972.

[225] Reinhart,T. *Interface Strategies: Optimal and Costly Computation*[M]. Cambridge: The MIT Press, 2006.

[226] Richards, N. *Uttering Trees*[M]. Cambridge: The MIT Press, 2010.

[227] Rizzi, L. The fine structure of the left periphery[A]. *Elements of Grammar*[C]. Ed. L. Haegeman. Dordrecht: Kluwer,1997. 281-338.

[228] Rochamnd, G. *First Phase Syntax*[R]. University of Oxford, 2003.

[229] Rochemont, S. *Focus in Generative Grammar*[M]. Amsterdam: John Benjamins Publishing Company, 1986 .

[230] Ross, J. Constraints on variables in syntax[D]. Unpublished Ph.D. thesis at MIT.1967.

[231] Selkirk, E. The role of prosodic categories in English word stress[J]. *Linguistic Inquiry* 11.3(1980): 563-605.

[232] Takashima, K.-I. (高岛谦一) The so-called "third" person possessive pronoun *jue* in classical Chinese[J]. *Journal of the American Oriental Society* 119. 3(1999): 404-431.

[233] Tang, S. Parametrization of features in syntax[D]. Unpublished Ph.D. thesis at University of California, Irvine,1998.

[234] Tang, S. A generalized syntactic schema for utterance particles in Chinese[J]. *Lingua Sinica* 1.1(2015):1-23.

[235] Truckenbrodt, H. An analysis of prosodic F-effects in interrogatives: prosody, syntax and semantics[J]. *Lingua* 124.1(2013):131-175.

[236] Tsai, W.-T. D. On economizing the theory of A-Bar dependencies[D]. Unpublished Ph.D.thesis at MIT. 1994.

[237] Tsai, W.-T. D. The hows of why and the whys of how[A]. *UCI Working Papers in Linguistics*[C]. Ed. Gobbo, F. & H. Hidehito. UC Irvine. 1999. 155-184.

[238] Tsai, W.-T. D. Left periphery and how-why alternations[J]. *Journal of East Asian Linguistics* 17.2 (2008): 83-115

[239] Tsai, W.-T. D. A tale of two peripheries[R]. Lectures at City University of Hong Kong. 2013.

[240] Xu, D. *Typological Change in Chinese Syntax*[M]. Oxford: Oxford University Press, 2006.

[241] Xu, Y. Post focus compression: cross-linguistic distribution and historical origin[A]. *Proceedings of the 17th International Congress of Phonetic Sciences*[C]. Hong Kong, 2011.152-155.

[242] Yip, M. *Tone*[M]. Cambridge: Cambridge University Press, 2002.

[243] Zec, D. *Sonority Constraints on Prosodic Structure*[M]. Redwood: Stanford University Press, 1988.

[244] Zec, D. & S. Inkelas. Prosodically constrained syntax[A]. *The Phonology-Syntax Connection*[C]. Ed. Zec, D. & S. Inkelas. Chicago: The University of Chicago Press, 1990.

[245] Zec, D. & S. Inkelas. The place of clitics in the prosodic hierarchy[A]. *Proceedings of the 10th West Coast Conference on Formal Linguistics*[C]. Ed. Bates, D. Stanford: CSLI Publications, 1991.

[246] Zubizarreta, M. *Prosody, Focus, and Word Order*[M]. Cambridge: The MIT Press, 1998.

后记

和“汉语韵律语法丛书”的缘分始于2014年的秋天。在该系列丛书第一辑定稿前，冯胜利老师在香港中文大学组织了“汉语韵律语法丛书学术研讨会”，当时还是在读博士的我，坐在台下聆听各位专家、学者就丛书的体例和所论及的语言现象进行智慧的碰撞，得到了不少灵感与启迪。心想不知何年何月，自己才有机会写出一部这样的专著。未料几年之后，我也能够以一名作者的身份参与到丛书的撰写中，和丛书开始一段新的缘分。

在激动兴奋之余，我也感到压力重重。这册小书主要讨论的是历史韵律语法的内容。冯胜利老师自1991年发表“Prosodic Structure and Word Order Change in Chinese”以来，一直在这个领域耕耘。在冯老师的指导下，2015年我的博士学位论文具体讨论了上古汉语中疑问词及疑问句中的韵律语法现象。毕业至今，随着研究的深入，自己愈发感到这个领域的博大精深，不仅牵涉到跨越数千年的数量庞大的汉语历史材料及纷繁复杂的语言现象，而且同时涉及形式语言学、韵律语法学和汉语史三大理论体系。正考父用“一命而偻，再命而伛，三命而俯”表达内心的诚惶诚恐。现在面对历史韵律语法，正考父的话“于我心有戚戚焉”。这本小书充其量只能算是我的一些学习心得，书中所有错误概由本人负责。

回想本书的成书历程，首先要感谢恩师冯胜利先生。在香港读书的三年多时间里，冯老师不嫌弃我资质愚钝，悉心教诲，一点一点带我进入历史韵律语法的领域，让我由一个旱鸭子变得慢慢地敢在学术的海洋中划水。我深知，如果把投入在我身上的时间和精力节省下来用在历史韵律语法本身的研究中，冯老师对这个领域的许多重要思考，如声调、语调与句末语气词的转换关系等研究结论，可能会早几年就提出来了。冯老师总是教导我们“殷勤传学，刻苦为人”，他在学术上和生活上都为我树立了榜样。作为后学，唯有不断努力，不断为语言研究事业贡献力量，才能聊以报答冯老师的教诲，希望不负冯老师的培育之恩。

本书的写作得以顺利完成，还要感谢同济大学中文系和复旦大学中文系的诸多老师。这是我出版的第一本书。如果说这本小书算是一颗青涩的学术果实，那么我的学术的种子就是在上海播种的。正是在上海八年的求学经历，让我这个懵懂无知的少年慢慢地摸到了学术的大门。在傅杰老师、陈忠敏老师、陶寰老师、吴静老师等诸多师长的点拨下，我慢慢喜欢上了语言学，并立下了以此为安身立命之所的志向，在上海这个金融、经济之都沉心于语言文字之学。

我也要感谢四川大学文学与新闻学院的老师与同人，尤其是曹顺庆老师、雷汉卿老师的鼓励与支持。本书最后的写作与修订工作都是在成都完成的。作为一个久居东部、初涉西南的东北人，来到天府之国，心里充满了紧张与不安。川大的老师与同人用他们的热情与包容接纳了我，在书稿的写作过程中给我提供了不少的便利与支持。川大扎实、严谨的学风润物无声地去除了我身上的焦躁与火气，让我的脚步在学术之路上迈得更加踏实。

在小书的写作过程中，我也得到了海内外许多前辈学者和同辈学者的指导，在此也一并致谢。

还要感谢北京语言大学出版社的张健、陈维昌两位老师及武传霞编辑，他们的严谨和认真，让这本小书更加专业，增色许多。

最后，我还要向我的父母表达我心底最深处的感谢。“父母在，不远游。”但自从18岁踏上南下的列车，我再未长伴二老身边，而且与家的距离越来越远，一路由上海到香港再到成都；离家的时间越来越长，由3年、5年再到如今的14年。尽管如此，他们总是给予我最大的支持和鼓励。希望我在学术上做出的努力，没有辜负他们这么多年的付出。

李 果

2018年4月